les Intégrales de philo

Collection dirigée par Denis HUISMAN

HEIDEGGER

Qu'est-ce que la métaphysique ?

Notes et commentaires de
Marc FROMENT-MEURICE
Docteur ès-lettres

Nathan

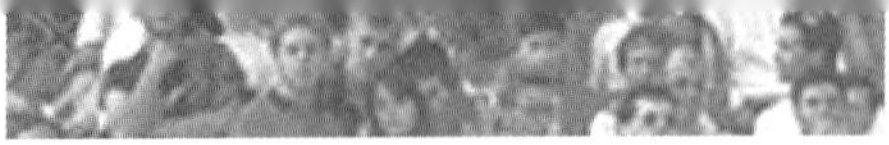

Sommaire

Conception couverture : Denis HOCH

ISBN 978-2-09-187308-4

Biographie de Martin Heidegger

(1889-1976)

1. Prolégomènes à toute biographie de Heidegger

Heidegger aurait commencé un cours sur Aristote par ces mots lapidaires : « Il naquit, travailla et mourut. » C'est ainsi qu'il aurait aimé qu'on décrive sa vie. Son vœu le plus cher aurait été de « vivre pour la philosophie et peut-être disparaître dans sa propre philosophie », déclare son meilleur biographe, qui intitule son monumental ouvrage : *Un maître venu d'Allemagne : Heidegger et son temps*[1]. Heidegger, poursuit-il, a critiqué « toute philosophie qui prétend partir de l'intellect. En réalité, elle commence par la passion : l'étonnement, l'angoisse, le souci, la curiosité, la jubilation. Pour Heidegger, l'affect est le lien entre la vie et la pensée, et il y a une certaine ironie dans le fait qu'il ait été quant à son propre cas si vigoureusement opposé à toute recherche sur le rapport entre vie et pensée ».

Mais ce n'est pas seulement son propre cas que Heidegger entendait soustraire à la curiosité des biographes. Dans un cours sur Schelling, Heidegger fait précéder la brève notice qu'il consacre à la vie du philosophe de l'avertissement suivant : « Ce n'est jamais une biographie qui nous permettra de connaître ce qui appartient en propre à une existence philosophique[2]. » Double paradoxe : comment une existence, même ou surtout philosophique, échapperait-elle à la connaissance ? Et comment se peut-il que celui que l'on a longtemps tenu pour l'un des premiers et plus grands philosophes de l'existence dénie à la vie toute portée philosophique ? Pour expliquer ce double paradoxe, un double malentendu : d'une part, l'idée moderne qu'une œuvre est l'œuvre d'un auteur. On croit donc que la connaissance de la vie apportera quelque lumière sur l'œuvre. C'est là une idée récente. On ignore tout de l'existence d'un Homère – qui n'est peut-être qu'un nom fictif –, ce qui n'ôte absolument rien à la lecture de l'*Odyssée*. De la même façon, qu'est-ce qu'une biographie d'Aristote ajoutera à la compréhension de sa *Métaphysique* ?

1. Rüdiger Safranski, *Martin Heidegger : Between Good and Evil*, Harvard University Press, 1998, p. 2. (Titre original : *Ein Meister aus Deutschland : Heidegger und seine Zeit*, Carl Hanser Verlage, 1994.)
2. Heidegger, *Schelling*, trad. J.-F. Courtine, Gallimard, 1977, p. 19.

Ce n'est pas un hasard si le premier philosophe à avoir mis en avant sa propre vie dans un écrit philosophique est René Descartes, le fondateur de la subjectivité. Le *Discours de la méthode* se présente sous la forme d'une autobiographie, même si le « je » qui se raconte sa vie reste distinct du « je pense donc je suis ». La distinction entre les deux *ego*, l'empirique et le transcendantal, n'en présuppose pas moins une certitude commune, à savoir que c'est sur le sujet que repose toute possibilité de penser, et ainsi de penser la différence entre le substantiel (l'œuvre) et l'accidentel (la vie). Avec l'achèvement de la modernité philosophique – après Nietzsche, qui a renversé la hiérarchie en posant la vie comme principe de tout, y compris de la connaissance –, nous entrons dans l'ère du vécu. Les biographies se vendent mieux que les œuvres, et dispensent d'ailleurs de l'effort ardu d'avoir à les lire. Elles abondent en faits, objectivement vérifiables, elles ont un air scientifique même si elles sont toujours plus ou moins romancées, car elles ne peuvent faire l'économie d'une narration. Science et littérature s'accordent bien, dirait Heidegger, en ceci qu'elles ne *pensent* pas.

C'est en 1927 qu'Heidegger publie la première partie d'un volumineux traité, baptisé sobrement *Être et Temps*. Véritable tremblement de terre au beau milieu de la production philosophique d'alors. Pourquoi ? Parce que c'est un livre qui ose – à partir d'un mot, d'un mot unique dont le sens s'est perdu : « être » – ce questionnement fondamental que ni les sciences ni la littérature ne peuvent entreprendre de front. Il s'agit, ni plus ni moins, de savoir *qui* nous sommes. Or la réponse – des êtres humains – ne saurait satisfaire un philosophe tant que le mot « être » reste indéterminé, ou que l'on interdit toute interrogation sur son sens comme s'il allait de soi. Même si l'on répond avec Descartes, qui suit en cela la définition grecque de l'« animal raisonnable », que l'être humain est un être pensant, on n'éclaircit rien tant que l'on n'éclaire pas le rapport de l'être à la pensée. Bien plus, Heidegger soutient que ce n'est *pas* la pensée, identifiée sommairement à la raison humaine, qui constitue le sens propre de l'être, mais bien ce phénomène énigmatique qu'il nomme « temps ». Il n'y a pas plus radicale destruction de la subjectivité, qu'elle soit ou non rationaliste. Or, le mot même par lequel l'être humain est réapproprié à son être, *Dasein*, c'est aussi, dans le langage courant, l'existence. D'où le malentendu : Heidegger ébranle bel et bien ce qu'il appellera la « métaphysique du sujet », mais le mot par lequel il le fait, *Dasein*, est immédiatement entendu à partir de cette subjectivité. La gloire qui vint, soudain, rayonner autour du nom de Heidegger n'est effectivement, selon un mot du poète Rainer-Maria Rilke, qu'une « somme de malentendus qui se bousculent autour d'un nouveau nom ». Somme qui deviendra un comble d'inanité lorsque l'existentialisme sartrien se réclamera, au lendemain de la guerre, expressément du « nom » de Heidegger. Pourtant, dès 1930, Heidegger récusait violemment jusqu'à l'idée d'une « philosophie de l'existence ». C'est ainsi qu'il déclare, dans un cours sur Hegel :

« Lorsque j'inscris ce principe : *la philosophie n'est pas science* au fronton de la tâche de la philosophie [...], cela ne veut donc pas dire que la philosophie devrait être livrée à la rêverie ou se consacrer à proclamer telle ou telle "conception du monde" privée – ce qui, de nos jours, reçoit le nom délicat de "philosophie de l'existence" –, ravalant toute conceptualité au rang d'une simple technique d'analyse ou de mise en forme. Jamais l'idée ne m'est venue à l'esprit d'annoncer une quelconque "philosophie de l'existence"[1]. »

Mais voilà : lorsqu'on dit « la philosophie n'est pas science », on semble lui dénier toute rigueur, puisque la science – et elle seule – a le monopole de la rationalité, comme si penser devait obligatoirement se limiter à l'exercice de la raison, bien plus, comme si la raison n'était pas aussi, comme le montre selon Heidegger le devenir technologique de la planète, vouée à la déraison.

On devra se rappeler ces *problèmes* avant de lire la biographie suivante : l'existence d'un philosophe ne se résume pas à ce que l'on peut raisonnablement en dire, elle n'est peut-être même pas dicible si, par « existence », l'on entend son être de philosophe. Toutefois, et pour clore le « sujet », il faut exercer la même vigilance à l'égard des déclarations antibiographiques de Heidegger. Ses réticences viennent aussi de ce qu'il avait quelque secret à *ne pas* dire : cette existence de philosophe s'enfonça, un temps mais un temps trop long, dans le plus noir de l'époque. Sans céder au fétichisme de la lettre, il y eut aussi un autre H qui a été un maître venu d'Allemagne : Hitler. Peut-être cela nous incitera-t-il à ne pas trop faire confiance aux maîtres, qu'ils soient ou non à penser.

2. La naissance et le pays natal

Martin Heidegger est né à Messkirch le 26 septembre 1889.

Son père, Friedrich, était tonnelier et sacristain à l'église catholique Saint-Martin. Il mourut en 1924, assez tôt pour voir son fils rompre avec le catholicisme. Sa mère venait du village voisin de Gögginheim. Elle mourut en 1927, et sur son lit de mort Heidegger posa une copie d'*Être et Temps*.

Messkirch était une petite ville d'environ 2 000 habitants située entre le lac Constance, les Alpes souabes et le Haut-Danube, à la limite de l'Alémanie et de la Souabe. Le caractère alémanique tend à être réservé et mélancolique, alors que les Souabes ont la réputation d'être plus ouverts et malicieux. Heidegger tenait un peu des deux. De l'Alémanique Johan Peter Hebel, il cita ce mot : « Qu'il nous plaise ou non de l'avouer, nous sommes des plantes qui avons besoin de racines pour sortir de la terre afin de pouvoir fleurir dans l'éther et porter des fruits. » Mais c'est le Souabe Friedrich Hölderlin qui fut le vrai « dieu » de Heidegger. Hölderlin vécut avec ses compagnons philosophes Hegel et Schelling la naissance de ce qui allait

1. Heidegger, *La « Phénoménologie de l'Esprit » de Hegel*, trad. E. Martineau, Gallimard, 1984, pp. 43-44.

devenir la fleur de l'idéalisme allemand, la tourmente révolutionnaire et l'ébranlement de tout un monde, l'exil en France, la mort de son unique amour qu'il avait immortalisée dans son roman *Hypérion* sous le nom de Diotima, et surtout la brûlure du feu grec : « Viens, feu ! » écrivait-il dans l'hymne *Patmos.* Déclaré « fou » incurable par les autorités médicales à l'âge de 34 ans, il fut recueilli par un menuisier, et vécut là, paisiblement, plus de quarante ans, tout en ne cessant d'écrire les poèmes les plus inouïs.

L'attachement de Heidegger à son pays natal ne fait pas de doute, mais il n'a rien d'un traditionalisme ; il est à l'opposé, et pourrait même apparaître déraisonnable. Par exemple, par deux fois, Heidegger refusera l'offre d'une chaire de philosophie à Berlin. La grande ville, avec ses connotations cosmopolites, lui est toujours apparue comme le lieu de toutes les perditions. En 1934, juste après avoir démissionné de son poste de recteur de l'Université de Fribourg, il publie un article pour justifier son désir de rester en province. Il commence par décrire la *Hütte* qu'il s'est lui-même bâtie sur les hauteurs de Todtnauberg, et où il écrira *Être et Temps.*

La Hütte *de Todtnauberg. « Quand dans la profonde nuit d'hiver une furieuse tempête de neige fait rage autour du chalet […], c'est* alors *qu'il est grand temps pour la philosophie. C'est* alors *que son questionnement doit se faire simple et essentiel. »*

3. Les premiers (faux) pas : la (dé) formation théologique (1906-1916)

Heidegger semble avoir eu une enfance heureuse, sans histoires. En 1903, âgé donc de 14 ans, il entre au séminaire catholique de Constance. C'était alors plus le résultat de considérations économiques que le signe d'une vraie vocation, bien qu'il ne fasse pas de doute qu'il ait eu longtemps la foi. Il n'y avait pas alors, pour une famille aux revenus modestes (mais non absolument dénuée), d'autres moyens que de recevoir des bourses. Jusqu'en 1916, Heidegger dépendra de l'Église pour la poursuite de ses études.

En 1906, il est accepté au séminaire de Fribourg. Ses intérêts sont plus scientifiques que littéraires ou artistiques. Il découvre la philosophie à travers la thèse de Franz Brentano (1838-1917), « Du sens multiple de l'être chez Aristote ». Curieusement, Brentano est aussi la source de l'idée d'intentionnalité en phénoménologie.

En 1909, il achève brillamment ses études secondaires et entre comme novice chez les jésuites, dans un couvent du Vorarlberg (Autriche). Mais il n'y restera que deux semaines : il se plaint de troubles cardiaques, et les jésuites le renvoient à Fribourg. Il y restera deux ans encore à étudier la théologie. Le théologien qui l'aura le plus marqué est l'auteur d'un livre *Sur l'Être : esquisse d'ontologie*, Carl Braig, dont l'antimodernisme convient bien à l'étudiant provincial.

En 1911, à la suite de nouveaux troubles cardiaques, il doit arrêter ses études et prendre du repos dans sa famille. C'est alors qu'il prend la difficile décision de quitter la théologie. Il s'inscrit à la faculté des sciences, en mathématiques, physique et chimie, tout en continuant parallèlement ses études philosophiques. En 1913, il obtient son doctorat de philosophie avec une thèse intitulée : « La Doctrine du jugement dans le psychologisme ». Il s'est notamment intéressé de près à la négation, qui reviendra plus tard dans *Qu'est-ce que la métaphysique ?*

Heidegger n'en a pas pour autant fini avec l'Église. Au contraire : il obtient une bourse d'une fondation catholique où il s'engage expressément à travailler sur les scolastiques, ce qui l'amènera à écrire sa thèse d'habilitation (l'équivalent de l'ex-doctorat d'État français) sur « La Doctrine des catégories et de la signification chez Duns Scot », qui lui permettra d'être nommé en 1915 *privat-dozent* (l'équivalent de maître-assistant) à l'Université de Fribourg.

Entre-temps, la Première Guerre mondiale a éclaté, mais Heidegger a été exempté pour raisons médicales (toujours son cœur). Après avoir partagé l'enthousiasme général, il retourne à ses études ; mais, après son habilitation, il est de nouveau mobilisé, et cette fois affecté comme réserviste au service postal, c'est-à-dire, en temps de guerre, à la censure. Il y restera jusqu'au début 1918.

Début 1915, il rencontre sa future femme, étudiante en économie à Fribourg. Ils se marieront deux ans plus tard. Militante féministe, liée aux mouvements de jeunesse, Elfride Petri venait du Nord et était protestante. Malgré les rumeurs, ce n'est pas elle qui a détourné Martin du catholicisme. L'expérience décisive vint à la fin de la guerre. En janvier 1918, il avait été affecté à Sedan dans les services de météorologie (comme Sartre allait l'être en 1940) ; il put donc assister à la résistance désespérée des troupes allemandes avant l'effondrement du Reich.

Le 9 janvier 1919, il écrit à son ami Krebs, alors professeur de théologie catholique : « Des aperçus épistémologiques [...] m'ont rendu le *système* du catholicisme problématique et inacceptable – mais pas le christianisme en soi ou la métaphysique. » Plus tard, et spécialement pendant la période nazie, il durcira encore son attitude. Dans son cours de 1935, intitulé « Introduction à la métaphysique », il écrira :

« Une "philosophie chrétienne" est un cercle carré et une aberration. Il existe bien une élaboration pensante et questionnante du monde de l'expérience chrétienne, de la foi : c'est cela, la théologie. Seules les époques qui ne croient plus vraiment à la grandeur propre de la tâche de la théologie en viennent à concevoir l'idée ruineuse qu'une théologie gagnerait à être "rajeunie" à l'aide de la philosophie, ou même remplacée, et ainsi mise davantage aux goûts du jour. Pour la foi foncièrement, authentiquement chrétienne, la philosophie est une folie. »

La dernière phrase reprend sans le citer un mot de la première lettre aux Corinthiens de saint Paul : « Dieu n'a-t-il pas convaincu de folie la sagesse du monde ? » – « sagesse » étant ici mis pour « philosophie » (grecque). Mais on pourrait aussi dire l'inverse : pour la philosophie « authentique » (celle, à n'en pas douter, que Heidegger cherche), la théologie – et peut-être même la foi – est une folie. « Si j'avais la foi », aurait dit Heidegger en privé, « je fermerais à clé l'atelier ». Mais aussi : « Si j'avais une théologie à écrire, elle se passerait de l'Être. »

4. La phénoménologie triomphante et trahie (1916-1927)

À partir de 1916, une figure domine la philosophie universitaire à Fribourg, celle d'Edmund Husserl (1869-1938), le fondateur de la phénoménologie (voir **Documents**, pp. 115 *sq.*). Heidegger est particulièrement intéressé par la notion d'intentionnalité et, depuis 1911, ne cesse de relire les *Recherches logiques* (parues en 1901).

Husserl ne vit tout d'abord en Heidegger qu'un philosophe catholique, ce qui ne l'intéressait pas particulièrement : il est juif, c'est-à-dire, comme Freud, agnostique ; pour l'un comme pour l'autre, l'exigence de scientificité rationnelle exclut tout arrière-plan de transcendance. Mais quand, en 1917, son assistante, Edith Stein[1], donne sa démission, Husserl se montre plus enclin à répondre aux approches de Heidegger ; à la fin de la guerre, la collaboration s'intensifie d'autant plus que Heidegger rompt avec le catholicisme, mais aussi dénonce publiquement les conceptions du monde irrationalistes et réclame un « retour aux choses mêmes », une expérience nue de la réalité telle qu'elle est, c'est-à-dire qui *se montre* directement aux yeux, sans le voile des préjugés, valeurs ou doctrines. Cependant, Heidegger demeure persuadé que la phénoménologie doit servir de méthode pour ouvrir à une expérience plus authentique, celle de la « facticité » de l'existence, et qu'elle ne saurait se limiter à prolonger ou renouveler le projet moderne de connaissance qui repose sur le primat de la conscience. Dès 1922, dans son mémoire intitulé « Interprétations phénoménologiques d'Aristote », il substitue au mot de *Bewusstsein* (« conscience ») celui de *Dasein*.

En 1923, sur la recommandation du philosophe néo-kantien Paul Natorp, Heidegger est nommé professeur *extraordinarius* (non titulaire) à Marbourg. Les cinq ans qu'il y passera sont peut-être les plus productives de sa vie. C'est là qu'il conçoit son « œuvre » fondamentale, *Être et Temps* (*Sein und Zeit*) qui allait paraître en 1927, dans le journal de phénoménologie, avec précisément une dédicace à « Edmund Husserl, en témoignage de vénération et d'amitié » – dédicace presque ironique, car la phénoménologie ne figure qu'à titre de « méthode » dans l'introduction, et encore, dans un sens peu orthodoxe, comme subordonnée à l'ontologie. Deux ans plus tard, « Qu'est-ce que la métaphysique ? » ne mentionnera même plus le nom « phénoménologie ». Dès 1923, Heidegger faisait part de ses doutes à son ami Jaspers : « Husserl s'est complètement désintégré, si tant est qu'il ait jamais été cohérent ; [...] il vacille de-ci de-là et prononce des banalités à en pleurer ». Husserl mettra plus longtemps à voir l'écart qui le sépare de son brillant disciple : « J'en suis arrivé à cette conclusion navrante que je n'ai philosophiquement rien à voir avec la profondeur heideggerienne ni avec cette géniale non-scientificité », écrit-il dans une lettre de 1931.

Marbourg, c'est aussi le moment privilégié d'une rencontre qui sera l'*unique* passion de sa vie. Alors âgée de dix-huit ans, Hannah Arendt, issue d'une famille juive assimilée de Königsberg, était venue y étudier sous la direction du théologien Bultmann et de Heidegger. Sa précocité intellectuelle (à 14 ans elle avait lu la *Critique de la raison pure* et maîtrisait parfaitement le grec et le latin), mais aussi son physique avenant et particulièrement un regard perçant attirèrent l'attention de Heidegger, tout comme réciproquement elle tomba sous son charme. Leur liaison eut ceci d'exceptionnel : elle resta secrète, même après le départ d'Hannah, – qui devait émigrer après 1933 aux États-Unis –, des décennies durant. Le secret avait été imposé par

1. Cette juive à l'époque athée suivra un parcours diamétralement opposé à celui de Heidegger, puisqu'elle se convertira au catholicisme et vient même d'être canonisée par le Pape.

Heidegger, en partie en raison des convenances sociales (non seulement il était marié, mais sa femme n'avait guère fait mystère de son antisémitisme), en partie aussi, et plus probablement, par goût du secret lui-même. Ils se reverront pourtant après guerre, et Arendt finit même par pardonner à Heidegger son « erreur » politique.

5. Sommets et gouffres (1927-1938)

La publication d'*Être et Temps* apporte, en même temps que la confirmation d'un *nom* déjà célèbre dans les milieux philosophiques, la consécration académique : Heidegger va pouvoir enfin être nommé professeur *ordinarius* (titulaire d'une chaire), et cette chaire, ce sera celle-là même du « père », Edmund Husserl, qui prend sa retraite, et propose lui-même Heidegger pour lui succéder à Fribourg.

Le 24 juillet 1929, Heidegger prononce sa leçon inaugurale : « Qu'est-ce que la métaphysique ? ». La même année, il publie son livre sur *Kant et le problème de la métaphysique*, qui propose une déconstruction de l'histoire de la métaphysique selon l'axe de la temporalité et élabore donc une esquisse de ce qu'aurait été la seconde partie (qui ne verra jamais le jour) d'*Être et Temps*. Toujours la même année, Heidegger, au sommet de sa gloire, rencontre à Davos, en Suisse, le philosophe Ernst Cassirer, alors recteur de Hambourg – le premier Juif à avoir été élu recteur dans une université allemande. Tout oppose les deux philosophes, jusqu'au physique et la manière de s'habiller : Heidegger était petit, brun, massif ; il apparaissait souvent en tenue de ski ; ses manières étaient rudes, parfois brutales ; et en rien il n'appréciait la vie sociale, les soirées mondaines et en général les distractions. Au contraire, Cassirer, avec ses beaux cheveux blancs et son élégance aristocratique, ses airs d'olympien, sa courtoisie impeccable, donnait le sentiment d'un grand seigneur de l'esprit. Les deux hommes s'affronteront pourtant sans trop de heurts, à propos de Kant, mais l'impression générale sera celle d'une lutte de géants, d'un moment historique crucial, *critique*, mais en un sens qui allait prendre un tour dramatique.

Heidegger voit venir ce moment de la décision, où il ne pourra plus rester indéfiniment au-dessus de la mêlée. En 1927, il pouvait encore limiter la « décision » à la pure formalité d'une structure. Mais, avec la crise et le chaos où est plongé le pays tout entier, il pense que le moment est venu d'*agir*. Un peu comme Karl Marx, il aurait pu dire : « Pendant longtemps les philosophes n'ont fait qu'interpréter le monde ; désormais il s'agit de le transformer. »

Des flots d'encre ont coulé sur ce que Heidegger, plus tard, caractérisera sèchement comme « la plus grande bêtise » de sa vie, l'engagement aux côtés des nazis en 1933. Bien avant le brûlot malhonnête et souvent inexact de Victor Farias, *Heidegger et le nazisme*, paru en 1987, la polémique avait commencé. En janvier 1946, *Les Temps Modernes* publiaient deux articles (l'un pour, l'autre contre) « Heidegger et le nazisme ». Ils étaient précédés par les lignes suivantes – une note de la rédaction, que Sartre n'a peut-être pas rédigée lui-même, mais qu'il a sans doute inspirée : « La presse française a parlé de Heidegger comme d'un nazi : c'est un fait qu'il a été inscrit au parti nazi. S'il fallait juger d'une philosophie par le courage ou la lucidité politique du philosophe, celle de Hegel ne vaudrait pas cher. Il arrive que le philosophe soit infidèle à sa meilleure pensée quand il en vient aux décisions politiques. »

La note concluait sur un ton optimiste en déclarant que lorsqu'on aura fait l'analyse de « l'essentiel » de la pensée de Heidegger (que l'on tenait alors pour « existentialiste »), on l'aura lavée de toute suspicion. « Davantage : cette analyse montrera peut-être qu'une politique "existentielle" est aux antipodes du nazisme. »

Espoir déçu, et sans doute erroné. S'il est vrai qu'il ne faut pas confondre l'homme et la philosophie, cet argument ne peut avoir qu'une portée limitée, et ne devrait pas servir d'excuse pour éviter le problème. Dans les termes mêmes d'*Être et Temps*, on peut interpréter l'engagement de Heidegger comme la confusion de l'existential (ontologique) et de l'existentiel (ontique) ; confusion qui demeure toujours possible pour autant que, précisément, l'existential est conçu comme une structure formelle et abstraite, vide qui peut se combler par n'importe quel contenu concret.

Justement, examinons brièvement les *faits*. Heidegger ne les a certes pas niés, mais il les a singulièrement minimisés et même parfois carrément défigurés ou passés sous silence. Pour commencer, il adhère au parti nazi (NSDAP) le **1er mai 1933** (date symbolique) et y restera inscrit *jusqu'à la fin*. Il expliquera son adhésion par son élection au poste de recteur le mois précédent. Hitler est au pouvoir depuis le 30 janvier. Partout, et le plus souvent par la violence, les nazis se saisissent des leviers de l'État – avec la complicité de presque tout le monde, communistes y compris. Heidegger tentera de faire croire qu'il a été élu recteur pour, justement, « sauver les meubles », et préserver l'autonomie de l'Université menacée par la barbarie. Premier mensonge, et peut-être le plus gros, d'où découlent les autres.

La vérité – et elle ne fait plus aucun doute – c'est que Heidegger a été nazi, profondément, radicalement, peut-être justement si radicalement que son nazisme, que certains ont appelé « à usage privé », est entré en contradiction, assez vite, avec la réalité du nazisme, dont au reste Heidegger n'avait (pas plus que la majorité des observateurs contemporains, partisans ou opposants) aucune idée. Son être-nazi relevait d'une pure projection, que l'on pourrait qualifier de fantastique ou fantasmatique.

Il n'a au moins pas fait mystère de ses convictions initiales – presque une religion. Dans un texte rédigé en 1945 pour la commission de dénazification, Heidegger se justifie ainsi : « Je voyais à l'époque dans le mouvement parvenu au pouvoir une possibilité de rassembler et de rénover le peuple depuis l'intérieur ; un chemin pour trouver sa détermination historique et occidentale[1]. »

Dans *Être et Temps*, il avait écrit que le *Dasein* « se choisit ses propres héros » ; il ne fait pas de doute qu'Hitler était apparu, aux yeux de Heidegger comme de la grande majorité des Allemands, comme un héros, capable de rendre à l'Allemagne humiliée par le traité de Versailles et désespérée par la crise économique et ses six millions de chômeurs sa dignité et sa place dans le concours des « grandes » nations. Mais lorsque Heidegger parlait des héros en 1927, il entendait les grandes figures historiques que l'existant peut seulement répéter – et pour un philosophe, ce sont d'abord les philosophes qui sont les héros. Heidegger n'a jamais daigné lire *Mein Kampf* et a commis la même tragique et, littéralement, idiote erreur que Platon lorsque celui-ci a pris le tyran Denys de Syracuse pour un héros capable d'instituer la *polis* idéale.

Le rectorat fut inauguré en grandes pompes par un discours solennel, enthousiaste et presque mégalomaniaque dans sa rhétorique héroïque : « L'auto-affirmation de l'Université allemande » qui pourrait s'entendre assez bien comme « L'auto-affirmation de Martin Heidegger ». Il y déclare, d'entrée de jeu, que les *Führers* (politiques) doivent être eux-mêmes guidés (en allemand, le *Führer* est le guide) « par le caractère inexorable de la mission spirituelle qui astreint le peuple allemand à l'empreinte de son histoire[2]. » Une traduction prosaïque serait : Hitler doit m'écouter, moi qui sais – en tant que philosophe, c'est mon métier, bien plus : ma vocation – ce qu'il en est de la « mission spirituelle » de mon peuple. Heidegger, Führer spirituel du Führer temporel ?

Un auditeur déclarera qu'il ne savait, après avoir entendu ce discours, s'il devait aller s'inscrire aux S.A. ou relire les Présocratiques.

L'extravagance d'une telle prétention allait bientôt éclater au grand jour. Après dix mois de proclamations enflammées, éventuellement de tentatives aberrantes de « concrétisation » – qui ressemblaient davantage à du scoutisme : camps de jeunes avec guitares, chants et veillées –, Heidegger finit par démissionner. Mais nullement pour les raisons qu'il invoquera plus tard : à savoir qu'il s'était opposé au parti qui refusait la nomination de deux doyens politiquement suspects ; ni davantage parce qu'il se serait opposé aux mandarins trop conservateurs et imbus de leurs privilèges (la « liberté académique » qu'il fustigeait dans son discours de rectorat). La réalité, décidément impénétrable pour un « pur » philosophe, est que Herr Professor planait six mille pieds au-dessus des humains, et que, dans le Parti, personne n'avait lu ni même entendu parler des Présocratiques. Très vite, il se fit un consensus dans les instances dirigeantes : ce Heidegger est certes à cultiver comme une fleur rare, à cause de sa célébrité internationale, et parce que le

1. Heidegger, « Le Rectorat, 1933-1934 », trad. F. Fédier, dans *Le Débat*, novembre 1983.
2. Heidegger, *L'Auto-affirmation de l'université allemande*, trad. G. Granel, T.E.R., 1982.

« mouvement » n'a pas trop de grands noms (la plupart, et d'abord les juifs, s'étant exilés ou étant réduits au silence), mais c'est un fou dangereux. Son national-socialisme est peut-être « authentique », mais certainement pas *correct*. Par exemple – et bien entendu ce n'est pas un simple exemple – il n'a rien d'antisémite, au point que le mot « juif » ne figure *jamais* nulle part ! Comment peut-on être nazi *sans* être antisémite ! ?

Progressivement (et non soudain, comme il a voulu le faire croire), Heidegger se détache des réalités politiques et se retire sur ses hauteurs. Il refuse un poste à Berlin, mais plus par peur de perdre ses racines que par dégoût de la scène politique, car il intrigue encore dans les allées du pouvoir. En 1936, il donne une conférence à Rome, qui est bien accueillie par la presse nazie, et s'il décline l'invitation à faire partie de la délégation allemande pour le colloque international célébrant le tricentenaire du *Discours de la méthode*, c'est juste par dépit de n'avoir pas été choisi comme le « guide ».

Dans un cours sur Schelling professé en 1936, Heidegger donne de son retrait l'explication la plus plausible : « Et bientôt devait se révéler au grand jour la non-vérité profonde de ce mot que Napoléon avait prononcé à Erfurt devant Goethe : "Le destin, c'est la politique." Non, c'est l'Esprit qui est destin, et le destin est Esprit. Or l'essence de l'Esprit, c'est la liberté [1]. »

Comment comprendre, si Heidegger n'avait été qu'un pur militant nazi, obéissant aux ordres du Parti, ce rejet de la politique au nom de l'Esprit – c'est-à-dire de la liberté ? En même temps, c'est aussi au nom de ce même « Esprit » que Heidegger bannissait la liberté académique dans son discours de rectorat. On ne pourra que renvoyer le lecteur à l'un des rares textes qui ait jeté une lumière *philosophique* sur la « question » : *De l'esprit (Heidegger et la question)*, par Jacques Derrida (voir **Bibliographie**, p. 144).

6. La traversée du désert (1938-1951)

Dans la conférence qu'il donne en 1938 (recueillie après-guerre dans le recueil *Chemins* sous le titre « L'époque des conceptions du monde »), Heidegger donne un premier aperçu de ce qu'il nommera « l'essence de la technique », en quoi il voit le phénomène le plus nihiliste des temps modernes, et qui n'épargne rien, à commencer par la science. Il tient à en montrer l'origine dans l'histoire de la métaphysique, et pour ce, s'attaque au penseur qui a explicitement mis en avant la « volonté de puissance » comme principe des forces vitales élémentaires : Friedrich Nietzsche[2]. Il était alors en honneur chez les nazis, depuis que Hitler avait rendu visite à la sœur de Nietzsche, mariée à un antisémite virulent. Au prix de manipu-

1. Heidegger, *Schelling*, *op. cit.*, p. 15.
2. On notera que Nietzsche s'est « effondré » l'année même de la naissance de Heidegger.

lations outrageantes, les idéologues du Parti avaient écarté tous les aspects antigermaniques et philosémites de Nietzsche pour ne présenter que la mystique de la « bête blonde », du surhomme capable de résister le mieux à la sélection naturelle.

Dans ses cours sur Nietzsche, Heidegger ne se contente pas de condamner le biologisme racial qui tenait lieu d'idéologie chez les « philosophes » officiels du Parti (comme Rosenberg). Il cherche à couper le mal à sa racine, mais cela exige d'abord de le diagnostiquer : le « nihilisme européen » devient le mot de passe pour l'histoire de toute la métaphysique depuis les Grecs, soit un obscurcissement progressif de l'Être qui trouve sa culmination dans la volonté conçue comme vouloir-pour-vouloir : plutôt que de ne rien vouloir, mieux vaut vouloir *rien* – le néant.

À la suite de ses cours, Heidegger devient de plus en plus suspect. Les services secrets envoient même un agent pour le surveiller, son séminaire sur « Le Travailleur », d'Ernst Jünger, est interdit, toute mention de son nom dans la presse, toute recension de ses travaux bannies. Comme conséquence, il ne publie que deux ou trois plaquettes.

On ne peut cependant parler que d'une résistance « passive ». Pendant la guerre, Heidegger se réfugie sur des hauteurs de plus en plus impénétrables. Les événements apparaissent comme filtrés, et toujours rapportés à cette mystérieuse histoire de l'Être, qui est celle de son oubli. Ainsi, l'entrée en guerre de l'Amérique est-elle lue comme le signe d'un pas de plus vers la complète annihilation de l'Europe, de ce qui constitue son seul salut : l'*authentique* peuple allemand, en qui il persiste à voir « *le* peuple métaphysique », quasi rédempteur de l'humanité, coincé entre les deux géants américain et soviétique, où ne règne que la médiocrité d'un homme normalisé, planifié ou démocratisé. Or cette authenticité mythique se trouve pervertie par le nazisme qui a emprunté à ses adversaires les mêmes armes : la technique, qui n'est en rien un simple outil, mais au contraire domine l'être humain, le transformant en simple instrument d'une machination planétaire dont personne ne peut se rendre maître, comme si la planète roulait en chute libre vers l'abîme.

Cette vision apocalyptique reste, au fond, profondément religieuse, comme en témoigne l'œuvre secrète qui ne sera publiée qu'après sa mort : *Contributions à la philosophie* ; sous-titrée « *Vom Ereignis* », d'un nom aussi intraduisible que *Dasein*. Couramment, c'est l'événement, mais Heidegger y entend une appropriation (*eigen*, « propre », présent dans *eigentliche*, « authentique »). Il rêve donc encore à la possibilité d'une rédemption, non plus cette fois de l'individu, mais de l'Histoire, et c'est dans l'horizon de cette eschatologie qu'il évoque « le dernier dieu ».

Après le débarquement allié en Normandie, et l'attentat manqué contre Hitler, tout espoir de cesser la guerre honorablement est perdu. Un décret du 16 octobre 1944 mobilise tout homme valide âgé de de 16 à 60 ans. Heidegger se retrouve donc dans la milice populaire (*Volksturm*), avec la mission d'empêcher l'armée française de franchir le Rhin. Mais le

27 novembre, un escadron de bombardiers américains dévaste la ville de Fribourg, et la milice doit s'en retourner. À Fribourg, la confusion est telle que Heidegger obtient un congé pour mettre ses manuscrits à l'abri. Il se réfugie, avec nombre de professeurs et d'étudiants, au château de Wildenstein, près de Messkirch, mais aussi de Sigmaringen (où se retrouveront les restes du gouvernement du maréchal Pétain).

Avec l'occupation française qui saisit ses biens et sa bibliothèque, Heidegger doit désormais répondre de son passé politique. Il produit une défense vigoureuse devant le comité de dénazification de l'Université, qui propose d'abord une mise à la retraite anticipée, mais le maintien du droit à enseigner. Néanmoins, cette mesure est jugée trop complaisante par le sénat universitaire, qui demande un réexamen du dossier. Heidegger propose alors l'avis d'un expert, le philosophe **Karl Jaspers** (1883-1969). Jaspers avait été tenu pour l'un des représentants les plus éminents de la « philosophie de l'existence ». Les deux hommes avaient été proches amis pendant les années 20, jusqu'à l'arrivée au pouvoir des nazis. Marié à une juive, Jaspers perd sa chaire en 1937. Ce n'est pourtant pas la raison pour laquelle il remit aux autorités un rapport accablant sur son ex-ami. Jaspers fit paraître après la défaite un opuscule : *Die Schuldfrage*, « La question de la faute ». Or ce qui choque profondément Jaspers, c'est que si Heidegger a bien reconnu son « erreur », il ne manifestera jamais le moindre remords, ne se sentira jamais *coupable*, et cela alors même qu'*Être et Temps* traite abondamment de la faute et de la responsabilité, il est vrai en termes si abstraits qu'aucune éthique ne peut s'y greffer.

Suite au rapport de Jaspers, la commission universitaire décide de suspendre indéfiniment Heidegger de son poste, et les autorités françaises se borneront à confirmer l'interdiction. Heidegger prend très mal la mesure, et souffre au printemps 1946 d'une dépression aiguë. Paradoxalement, c'est du côté français qu'il trouvera un soutien : une rencontre est même prévue avec **Sartre**. Mais, après la retentissante conférence que celui-ci prononce à la fin 1945, « L'existentialisme est-il un humanisme ? », Heidegger prend ses distances. En réponse à Jean Beaufret qui lui avait adressé la question : « Comment redonner un sens au mot "humanisme" ? », il écrit la *Lettre sur l'humanisme*, qui paraîtra en 1947 – le premier grand écrit qu'il ait publié depuis plus de dix ans. Il y soutient que tout humanisme est enraciné dans la métaphysique qui, comme elle aboutit au nihilisme, appelle un « dépassement » que seule une pensée rétrocédant de l'étant vers l'Être pourra accomplir.

7. Vers la « sérénité » (1951-1976)

En 1951, Heidegger retrouve son poste de professeur (*emeritus*) à Fribourg. Ses cours – citons les plus célèbres : *Qu'appelle-t-on penser ?* et *Le Principe de raison* – ainsi que ses *Essais et Conférences* peuvent être lus comme autant de *commencements* qui se risquent à exercer la difficile tâche de penser ce qui s'offre à un âge de l'histoire où, comme le disait déjà *Qu'est-ce que la Métaphysique ?*, plus rien ne tient.

La guerre, la « mobilisation totale » au service de la seule volonté de puissance a montré la faillite d'une culture, la nôtre, impuissante à prévenir l'extermination, bien plus : complice, même à son insu. Désormais, insiste Heidegger, il s'agit moins de savoir *que faire* que d'apprendre à penser. Il n'y a pas de système qui puisse tenir lieu d'autorité. « Ce qui donne le plus à penser, à notre époque qui donne à penser, c'est que nous ne pensons pas encore. » Comment penser, si chaque jour « le désert croît », comme l'écrivait Nietzsche, un désert qui, ajoute Heidegger, peut s'accompagner de « l'atteinte du plus haut standing de vie, et aussi bien de l'organisation d'un état de bonheur uniforme pour tout le monde » ? Et avec quoi penser, si « la science ne pense pas », mais calcule et ne vise qu'à pousser plus loin ses recherches sans songer à leurs conséquences ; si la religion n'est plus qu'une survivance ou un fanatisme ; si même l'art, loin de mettre en œuvre la vérité, sombre dans l'insignifiance du tout-culturel ? Un même processus semble vouer la planète à la perdition : Heidegger le situe dans ce qu'il nomme « l'essence de la technique », et qui condense le « destin » de l'histoire – l'oubli de l'Être. Seule une remémoration pourrait sauver l'humanité, et elle passe par une mutation du rapport au langage ; c'est à cette métamorphose que se voue le dernier grand recueil de Heidegger, publié en 1959 : *Unterwegs zur Sprache* (« Acheminement vers la parole »).

En 1955, Heidegger sort de son isolement et donne à Cerisy-la-Salle sa conférence « Qu'est-ce que la philosophie ? » que l'on peut lire comme le contrepoint, après le « Tournant », de « Qu'est-ce que la métaphysique ? » L'influence de Heidegger en France, qui avait commencé avec la génération de Sartre et Merleau-Ponty, mais aussi Levinas, ne cessera de croître, que ce soit ouvertement comme chez Lacan, ou plus souterrainement chez ceux qui remettront en cause les présupposés de l'humanisme (Foucault, Deleuze, Derrida).

Tout en clôturant la philosophie en la renvoyant à ses sources (les Grecs, surtout Présocratiques), le « dernier » Heidegger rencontre notre présent (ou son défaut) en projetant ce « grand commencement » vers ce qu'il appelle à venir : un autre commencement, où la clairière de l'être serait enfin appropriée en un événement (*Ereignis*). Pour avoir éprouvé à fond la catastrophe, l'abîme du néant – tel qu'il s'est ouvert dans et *comme* l'Histoire occidentale –, la pensée de Heidegger offre une voie possible, sinon de salut (« seul un dieu peut nous sauver », déclarera-t-il dans l'interview posthume au journal *Der Spiegel*), du moins de guérison. Par l'effort de penser la simplicité de la chose, l'habitation, ou le geste poétique, elle cherche moins à aller plus loin qu'à revenir dans la proximité où se trouve notre propre existence, notre « là ». Cette pensée refuse les sécurités des systèmes ou des croyances, mais aussi l'affairement des politiques et des sciences ; pour certains, elle ne manquera pas d'apparaître comme autant de « chemins qui ne mènent nulle part », pour reprendre contre lui-même le titre d'un recueil de Heidegger. Mais justement, l'essentiel, dirait-il, n'est pas d'aller quelque part, d'arriver, mais bien de *demeurer* en chemin, et de s'enfoncer, patiemment, dans cette forêt de questions qui est, pour la pensée, sa *demeure.*

Le questionnement, écrit Heidegger à la fin de sa conférence « La Question de la technique », est la « piété de la pensée ». Et le poète René Char, qui était devenu son ami à la fin de sa vie, au point de l'avoir plusieurs fois invité en Provence (contrée que Heidegger percevait comme le double de sa Grèce idéale) : « La réponse interrogative est la réponse de l'être. Mais la réponse au questionnaire n'est qu'une fascine de la pensée. »

Martin Heidegger s'est éteint **le 26 mai 1976** à Fribourg. Il a été enterré deux jours plus tard dans son village natal de Messkirch. Sur la tombe, pas de croix, mais une étoile, pour figurer la *marche* de la pensée : « Marcher vers une étoile, rien d'autre. » (« De l'expérience de la pensée »).

Vers 1920. « Penser, c'est se limiter à une pensée, qui un jour demeurera comme une étoile au ciel du monde .» (« L'expérience de la pensée », in QU. III., *p. 21)*

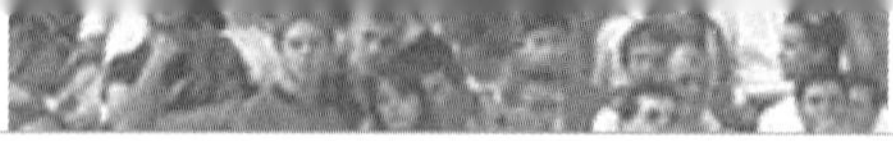

Repères chronologiques

Vie de Heidegger

1889 (29 nov.) Naissance à Messkirch.

1906 Entre au séminaire de Fribourg.

1909 S'inscrit à l'université de Fribourg.

1911 Abandonne la théologie.

1913 Doctorat.

1914 Mobilisé et exempté.

1915 Habilitation ; Privat-Dozent à Fribourg.

1916 Husserl nommé à Fribourg.

1917 Mariage avec Elfride Petri.

1919 Rupture avec le catholicisme.

1922 La « Hütte » à Todtnauberg.

1923 Professeur « *extraordinarius* » à Marbourg.

1924 Liaison avec H. Arendt.

1928 Professeur titulaire à Fribourg.

1929 (24 juil.) Conférence inaugurale « Qu'est-ce que la métaphysique ? »

Événements historiques

1889 Exposition universelle à Paris (tour Eiffel).

1898 Affaire Dreyfus.

1913 Crises balkaniques.

1914 (1er août) Début de la Guerre.

1916 (fév.-avril) Verdun.

1917 Révolution d'octobre en Russie.

1918 (9 nov.) Abdication du Kaiser. (11 nov.) armistice.

1919 (5-12 janv.) Écrasement de l'insurrection spartakiste de Berlin ; (28 juin) Traité de Versailles.

1923 (11 janv.) Intervention française dans la Ruhr. (8-9 nov.) Échec du putch de Hitler.

1924 (21 janv.) Mort de Lénine. (1er avril) Hitler condamné à la forteresse ; y dicte *Mein Kampf.*

1925 Pacte de Locarno.

1927 Début des plans quinquennaux en U.R.S.S ; Trotski exclu du Parti.

1929 (24 oct.) « Jeudi Noir » à Wall Street ; début de la Crise.

1931 (13 juil.) Weimar entre en crise.

1932 (31 juil.) Triomphe nazi aux élections du Reichstag ; 6 millions de chômeurs.

Philosophie, littérature

1889 Nietzsche sombre dans la folie.

1900 Mort de Nietzsche.
1901 Husserl, *Recherches logiques*

1908 Nietzsche (posth.), *Ecce Homo.*

1910 Rilke, *Les Carnets de Malte Laurid Brigge.*
1912 Mann, *Mort à Venise.*
1913 Husserl, *Idées.*
Proust, *Du côté de chez Swann.*
1914 (3 nov.) Suicide de Trakl.

1916 Mouvement Dada à Zurich.

1919 Karl Jaspers, *Psychologie des conceptions du monde.*
1921 Wittgenstein, *Tractatus logico-philosophicus.*
1922 Mort de Proust. Joyce, *Ulysses.*
1923 Rilke, *Élégies et Sonnets à Orphée.*
Max Scheler, *Natures et formes de la sympathie.*
1924 Breton, *Manifeste du surréalisme.*
(3 juin) Mort de Kafka.
Mann, *La Montagne magique.*
1925 Gide, *Les Faux-Monnayeurs.*
1926 (29 déc.) Mort de Rilke.
1927 Bergson prix Nobel.
1928 Walter Benjamin, *Sens unique.*
1929 Husserl, *Méditations cartésiennes.*
Freud, *Malaise dans la civilisation.*

1932 Ernst Jünger, *Le Travailleur.*
Céline, *Voyage au bout de la nuit.*

Œuvres de Heidegger

1914 « La théorie du jugement dans le psychologisme ».
1915 « Traité des catégories et de la signification chez Duns Scot. »

1927 *Sein und Zeit* (*Être et Temps*).

1929 *Kant et le problème de la Métaphysique.*
Vom Wesen des Grundes.

Repères chronologiques

Vie de Heidegger

1933 (21 avr.) Élu Recteur de l'Université de Fribourg. (1er mai) Adhère au N.S.D.A.P. Appels en faveur de Hitler.

1934 (fév.) Démissionne de son poste de Recteur. Refuse un poste à Berlin.

1935 Conférence sur l'Origine de l'œuvre d'art.

1936 Conférence sur Hölderlin à Rome. Premiers cours sur Nietzsche.

1937 Refuse d'assister au colloque Descartes à Paris.

1938 Conférence sur la science.

1939 Séminaire sur « Le Travailleur » de Jünger interdit.

1944 Automne : enrôlé dans le *Volkssturm*. Se retire à Wildenstein.

1945 Interdit d'enseignement. Rencontre manquée avec Sartre.

Événements historiques

1933 (30 janv.) Hitler Chancelier du Reich. (23 mars) Obtient les pleins pouvoirs. (14 juill.) Le N.S.D.A.P parti unique. (19 oct.) L'Allemagne quitte la S.D.N.

1934 (6 fév.) Ligues fascisantes à Paris. (30 juin) Nuit des « longs couteaux ».

1936 (mai) Front Populaire en France. (18 juil.) *Pronunciamento* de Franco ; guerre civile espagnole ; (août) Premiers procès de Moscou.

1937 (avril) Bombardement de Guernica.

1938 (13 mars) « Anschluss ». (sept.) Conférence de Munich. (nov.) « nuit de cristal ».

1939 (1er sept.) Hitler envahit la Pologne ; début de la Seconde Guerre mondiale.

1940 (10 mai) Offensive allemande à l'Ouest. (22 juin) Armistice français.

1941 (22 juin) Opération « Barbe-rousse ». (7 déc.) Pearl-Harbor.

1942 Entrée en guerre des U.S.A. (mai) mise en place de la « solution finale ».

1943 (2 fév.) Stalingrad. (3 sept.) Débarquement allié en Sicile.

1944 (6 juin) Débarquement allié en Normandie. (20 juil.) Attentat manqué contre Hitler. (août) Libération de Paris ; de Gaulle au pouvoir.

1945 (fév.) Conférence de Yalta. (mai) Hitler se suicide dans son bunker. (8 mai) Capitulation

Repères chronologiques

Philosophie, littérature	Œuvres de Heidegger
1933 Malraux, *La Condition humaine.*	**1933** *L'Auto-affirmation de l'université allemande.*
1936 Husserl, *La Crise des sciences européennes.*	
1938 Sartre, *La Nausée.* Mort de Husserl.	
1939 Mort de Freud, exilé à Londres.	
1940 Suicide de Walter Benjamin. Mort de Paul Klee.	
1941 Mort de Bergson.	
1942 Mort de Musil (*L'Homme sans qualités*, posth.). Camus, *L'étranger.*	**1942** *La doctrine platonicienne de la vérité.*
1943 Sartre, *L'être et le néant.* Ponge, *Le Parti pris des choses.*	**1943** *L'essence de la vérité.*
1944 Adorno & Horkheimer, *Dialektik der Aufklärung.*	
1945 Sartre, « L'existentialisme est-il un humanisme ? » Merleau-Ponty, *La Phénoménologie de la*	

Vie de Heidegger

1949 Conférences sur la Technique et le Tournant.

1951 Réintégré comme professeur « *emeritus* ». Premier cours : « Qu'appelle-t-on penser ? »

1955 Premier voyage en France. « Qu'est-ce que la philosophie ? » à Cerisy. Rencontre Lacan.

1958 Second voyage en France. « Hegel et les Grecs ».

1962 Premier voyage en Grèce. Conférence « Temps et Être ».

1966 Interview au journal *Der Spiegel* (publiée en 76). Séminaire du Thor chez René Char.

1967 Second voyage en Grèce.

1976 Le 26 mai, meurt à Fribourg.

Événements historiques

allemande. (6 août) Hiroshima. (2 sept.) Capitulation du Japon

1947 Plan Marshall.

1948 Création de l'État d'Israël

1949 (juin-mai) Blocus de Berlin. (23 mai) Création de la R.F.A (7 oct.) Proclamation de la R.D.A.

1953 (5 mars) Mort de Staline. (17 juin) Soulèvement populaire à Berlin-Est.

1955 (5 mai) La R.F.A recouvre sa souveraineté.

1956 Révolte en Hongrie ; opération de Suez.

1957 Traités de Rome.

1958 (13 mai) Putch des généraux à Alger ; retour de de Gaulle.

1961 (12 avr.) Gagarine dans l'espace. (13 août) mur de Berlin.

1963 (22 nov.) Assassinat de Kennedy.

1968 (mai) Manifestations des étudiants à Paris. (août) Intervention soviétique à Prague.

1969 (21 juil.) Armstrong marche sur la lune.

1975 (30 avr.) Fin de la guerre du Viet-Nam.

Repères chronologiques

Philosophie, littérature

perception. Bataille, *L'expérience intérieure.* Mort de Paul Valéry.

1948 René Char, *Fureur et Mystère.* Maurice Blanchot, *L'arrêt de mort.*

1949 Beauvoir, *Le Deuxième Sexe.* Faulkner prix Nobel.

1951 Mort de Wittgenstein. Arendt, *Les Origines du totalitarisme.*

1953 Beckett, *En attendant Godot.* Barthes, *Le Degré zéro de l'écriture.* Wittgenstein (posth.), *Investigations philosophiques.*

1955 Merleau-Ponty, *Les Aventures de la dialectique.*

1958 Arendt, *La Condition humaine.*

1960 Mort de Camus.

1961 Mort de Merleau-Ponty. Levinas, *Totalité et Infini.*

1963 Celan, D*ie Niemandsrose.* Arendt, *Eichmann à Jérusalem.*

1964 Sartre, *Les Mots*. Refuse le prix Nobel.

1966 Foucault, *Les mots et les choses.* Lacan, *Écrits.*

1967 Derrida, *L'écriture et la différence* ; *De la grammatologie.*

1969 Mort d'Adorno. Deleuze, *Logique du sens.*

1970 Suicide de Celan à Paris.

1972 Foucault, *Histoire de la folie.*

1974 Derrida, *Glas.*

Œuvres de Heidegger

1947 *Lettre sur l'humanisme.*

1950 *Chemins* (*Holzwege*).

1953 *Introduction à la Métaphysique.*

1954 *Essais et Conférences.*

1957 *Le Principe de raison.*

1959 *Unterwegs zur Sprache.*

1961 *Nietzsche.*

1976 Début de la publication de l'édition intégrale (*Gesamtausgabe*).

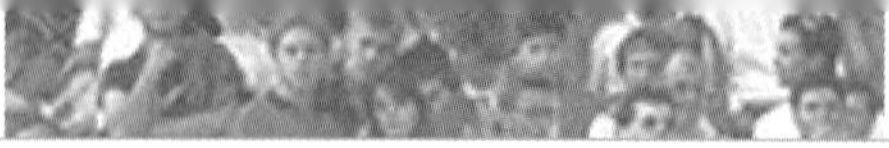

Avant de commencer la lecture

Notice sur le texte et sa version française

1. Circonstances historiques

En 1928, Heidegger a été enfin nommé professeur titulaire à l'université de Fribourg. Il prend la succession d'Edmund Husserl, qui prend sa retraite et l'a proposé pour occuper sa chaire. Le 24 juillet 1929, il prononce donc sa « leçon inaugurale » dans le cadre solennel de l'*aula* de l'université. À cette occasion, il est d'usage de parler devant et pour toutes les facultés réunies. C'est pourquoi, précisera Heidegger en 1955, « la conférence se place dans le cercle de toutes les sciences et s'adresse à elles », et il ajoutera : « non pas dans le but, qui eût été prétentieux, d'améliorer leur travail, ou, pire, de le déprécier ».

Cette conférence a la particularité d'avoir été parmi les premiers textes de Heidegger publiés en français. Elle figure dans un recueil auquel elle donne son titre : *Qu'est-ce que la métaphysique ?* qui parut dès 1938 aux éditions Gallimard. À ses côtés, figuraient des extraits d'*Être et Temps* (1927) et du livre sur Kant (1929), le texte *Vom Wesen des Grundes* (1929) et enfin la conférence de 1936 sur « Hölderlin et l'essence de la poésie ». Il s'agissait donc d'une anthologie, certes insolite et fragmentaire, mais la première qui donnât au public français d'avant-guerre un aperçu fidèle sur l'ensemble de l'oeuvre alors disponible. Pour montrer l'importance historique de cette publication, il suffit de dire qu'elle initia le jeune Sartre à la lecture de Heidegger, sans laquelle il n'aurait pu écrire *L'Être et le Néant* (publié pendant l'Occupation, en 1943).

2. Traduction

Elle est l'œuvre de l'éminent orientaliste Henry Corbin, dont on ne saurait assez saluer le courage, voire l'« abnégation », comme l'écrivait Heidegger lui-même dans sa lettre-préface qui ouvrait le recueil de 1938. Il est certain que les traductions vieillissent moins bien que les originaux. Le travail de Corbin, si remarquable à une époque où Heidegger était inconnu en France, n'échappe pas à cette destinée. Si, comme l'écrivait Walter Benjamin, traduire est une « tâche impossible », cette tâche se trouvait plus impossible encore du fait qu'il n'y avait alors pas de précédent et qu'il fallait faire face à une sorte de *dark continent*. Aujourd'hui, certains choix de Corbin apparaissent malheureux, plus particulièrement la traduction de *Dasein* par « réalité-humaine », dans la mesure où le *Dasein* se différencie expressément de toute réalité, même « humaine ». Il est vrai que *seul* l'humain peut être un *Dasein*, et qu'en conséquence la lecture « humaniste » (existentialiste), si elle constitue un contresens aux yeux de Heidegger qui la dénoncera après la guerre dans sa *Lettre sur l'humanisme*, n'en fait pas moins *sens*, et s'autorise d'une ambiguïté immanente à l'entreprise même du « jeune » Heidegger. Du reste, aucune traduction différente, pas même celle que proposera Heidegger dans cette même *Lettre*, n'est venue suppléer à la carence du français pour rendre un mot pourtant courant en allemand. Il est possible que nous soyons, avec *Dasein* comme avec tant d'autres mots clés de ce qu'on a parfois appelé le « jargon » de Heidegger, en présence d'un terme intraduisible et que le mieux soit de ne pas le traduire du tout. C'est d'ailleurs la tendance actuelle, particulièrement en anglais. Mais c'est une solution de facilité qui ne trompera personne : l'intraduisible est cela seul qui *appelle* à traduire, mais en un sens différent de ce qu'on entend habituellement par « traduire » : donner un équivalent, c'est-à-dire nier l'irréductible *idiomaticité* de toute langue. En un sens, *Dasein*, nom commun en allemand, devient pour Heidegger un nom *propre*, et donc intraduisible même dans sa propre langue. C'est là un exemple – exemplaire – de cette « épreuve de l'étranger [1] » qu'accomplit Heidegger avec sa langue maternelle, et qui la rend comme étrangère à elle-même, de sorte qu'un Allemand aura tout autant de mal qu'un Français à lire ce qu'on a appelé aussi « le langage-Heidegger ». Ainsi, là où *Dasein* s'entend couramment comme l'existence ou la réalité, sans la moindre connotation métaphysique, Heidegger, *accentuant* le verbe *sein* (« être ») crypté dans le nom *Dasein* (littéralement, « là-être »), se proposera de traduire, « en un français sans doute impossible » – mais en un allemand tout aussi impossible –, « être le-là », si le là est ce lieu d'être pour l'Être, le lieu où il vient à se découvrir, sa « clairière » (*Questions III*, p. 157).

Encore faut-il remarquer que cette traduction est d'abord le fait d'une auto-interprétation à laquelle Heidegger se livra après ce qu'on nomme le « Tournant », et qu'elle n'échappe pas aux dangers de toute interprétation, spécialement quand on se propose de lire le passé (fût-ce le sien) à la lumière du présent. L'histoire nous montre justement qu'on ne cesse de réécrire l'histoire, et que nul ne peut se comprendre soi-même tel qu'il était qu'au prix d'une altération, d'un devenir-autre qui rend toute l'entreprise problématique. Pour paraphraser Nietzsche, qui se livra lui aussi à de telles auto-interprétations après-coup, nul voyageur ne saurait sauter par-dessus son ombre.

1. Titre d'un essai d'Antoine Berman, Gallimard, 1984. Sur la problématique de la traduction, on pourra lire, outre l'essai de Walter Benjamin (paru dans *Po&sie 54*, 1991), « Des Tours de Babel », de Jacques Derrida (dans *Psyché*, Galilée, 1987).

On notera ainsi qu'à l'époque, Heidegger n'a nullement protesté contre les choix de Corbin. Au contraire, il en a fait un vibrant éloge, peut-être dicté par une certaine fierté de se voir enfin reconnu à l'étranger comme « un maître venu d'Allemagne ». Citons ces mots qu'il adressait en 1937 à son traducteur, et surtout n'oublions pas la date : deux ans après, la guerre éclatait entre ces deux peuples qu'il espérait voir se rapprocher et se comprendre mutuellement.

« Par la traduction, le travail de la pensée se trouve transposé dans l'esprit d'une autre langue, et subit ainsi une transformation inévitable. Mais cette transformation peut devenir féconde, car elle fait apparaître en une lumière nouvelle la position fondamentale de la question ; elle fournit ainsi l'occasion de devenir soi-même plus clairvoyant et d'en discerner plus nettement les limites. C'est pourquoi une traduction ne consiste pas simplement à faciliter la communication avec le monde d'une autre langue, mais elle est en soi un défrichement de la question posée en commun. Elle sert à la compréhension réciproque en un sens supérieur. Et chaque pas sur cette voie est une bénédiction pour les peuples[1]. »

« Parce qu'elle fait venir au jour clair de la présence, toute création est le geste de puiser l'eau à la source. » (« L'origine de l'œuvre d'art », p. 59.)

1. *Questions I*, p. 11. On pourra aussi lire « Chemins d'explication », dans les *Cahiers de l'Herne*, écrit la même année (1937), au moment où Heidegger refuse pourtant une invitation à se rendre à un colloque international pour célébrer le tricentenaire du *Discours de la méthode*.

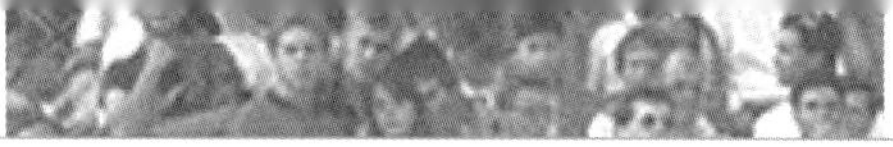

Problématiques essentielles

« La science ne veut rien savoir du rien » : science et métaphysique

Cette formule se trouve à la fin de la Première Partie de la conférence, et donne un aperçu clair du rapport conflictuel des sciences à la « métaphysique » qu'elles tiennent pour un non-savoir, un savoir à propos de « rien ».

Au début des temps modernes, Descartes pouvait encore écrire, dans sa lettre-préface à Picot pour les *Principes de la philosophie* : « Ainsi toute la philosophie est comme un arbre, dont les racines sont la Métaphysique, le tronc est la Physique, et les branches qui sortent de ce tronc sont toutes les autres sciences... [1] ».

Mais, au fur et à mesure que les sciences – d'abord exactes, conçues sur le modèle mathématique – se sont développées, elles se sont aussi émancipées de ces « racines » métaphysiques, au point de les renier entièrement, ou de ne tolérer la philosophie que comme une « théorie de la connaissance ». Après l'effondrement de l'idéalisme allemand qui prétendait encore au savoir absolu et total, le positivisme « gris » de la fin du XIXe siècle a mis fin à toute visée « fondamentaliste » des métaphysiques. Sur la base d'une interprétation étroite de la *Critique de la raison pure*, les néo-kantiens (Natorp, par exemple, qui a fait venir Heidegger à Marbourg en 1923) ont imposé l'idée que la philosophie devait abandonner toute prétention « métaphysique », comme étant essentiellement illégitime au regard des possibilités finies de la connaissance rationnelle. Kant, en effet, rejette comme « illusion transcendantale » toute pseudo-connaissance de ce qui dépasse les limites de l'expérience sensible : tout ce qui n'est pas intuitionnable au moyen des formes subjectives (mais pures) que sont l'espace et le temps. Dans cette perspective, les objets « transcendants », tels que Dieu, l'âme et le monde, ne sont tout simplement pas des objets du tout, et ne doivent relever que de la morale, de la psychologie ou de la religion.

Comme résultat de cette lecture (que Heidegger contestera dans le livre contemporain de notre texte, *Kant et le problème de la métaphysique*), la métaphysique, ou « ontologie », était tombée dans le plus complet discrédit. On doit prendre en considération ce contexte pour bien saisir l'audace radicale de la *question* : « Qu'est-ce que la métaphysique ? ». Heidegger

1. Cité par Heidegger au début de l'Introduction de 1949 à « Qu'est-ce que la métaphysique ?» dans *Questions I*, p. 23.

s'adresse à des « scientifiques », et leur parle de métaphysique, et même de néant, d'angoisse, etc. – autant de mots qui ne peuvent faire l'effet que de songe-creux hamlétiens à des esprits pour qui seules les expériences vérifiables et quantifiables sont « sérieuses ». L'être est tombé dans l'oubli, c'est un mot si creux, « qui a fait une si longue carrière dans le vide », dira Paul Valéry, que nul ne s'interroge plus ni même n'éprouve le *besoin* de s'interroger sur son *sens*.

Heidegger *contre-attaque* en renversant les rapports. D'abord, il affirme, avec Hegel, que, si la philosophie est le monde à l'envers du point de vue du sens commun, c'est que ce sens, justement, n'est qu'un lieu commun, et qu'il doit être renversé. « Il [Hegel] veut dire que, par rapport à ce qui est normal pour l'homme normal, la philosophie a l'air de quelque chose qui est à l'envers, mais qu'au fond elle est l'en-droit proprement dit du *Dasein* lui-même [1] ». Son en-droit, au double sens de ce qui est *juste* et de ce qui est le *lieu*, le là de l'être.

La science, ne cessera-t-il de répéter, n'est pas surgie de nulle part, elle repose sur des racines, même si elle les a oubliées, ou si elles ont été recouvertes. Mais le plus important, c'est qu'il n'y a pas de science « pure ». La science, le savoir est avant tout une possibilité du *Dasein*, c'est-à-dire de l'exister. Toute science n'est que de l'homme, au sens où ni un animal ni un dieu ne *fait* de la science. Mais faire de la science, ce ne devrait pas être seulement s'y adonner comme à un *hobby* (comme on fait du sport, ou du jardinage), ce doit être une manière d'*exister*, et même une *passion*.

Hannah Arendt écrit très justement : « Nous sommes si habitués aux vieilles oppositions de la raison et de la passion, de l'esprit et de la vie, que l'idée d'un *penser passionné*, dans lequel Penser et Être-Vivant deviennent un, nous étonne quelque peu [2]. » D'autant plus étonnant est l'emploi de ce mot qu'il est ici appliqué à la science, d'ordinaire réputée « froide ». Même si Heidegger a pu changer par la suite – allant jusqu'à énoncer que « la science ne pense pas » (voir **Documents**, pp. 98 *sq.*) –, on doit comprendre sa perspective depuis l'entreprise d'*Être et Temps*, son pathos profond, qui a pour but d'arracher le sens de l'être à son oubli dans le « cela va de soi » de l'existence moyenne, perdue dans le lieu commun, l'On. Savoir est un mode d'être-dans-le-monde, un comportement, au sens très large d'un rapport *à...* et hors de toute psychologie. *Verhalten* veut dire tenir *(halten)*, mais tenir *en rapport à...* – à ce qui se présente. Ainsi, par rapport à un arbre, je peux adopter plusieurs comportements différents : je peux grimper dessus pour y cueillir ses fruits, m'étendre à l'ombre de ses branches pour y faire la sieste, l'émonder et le couper pour en faire du bois de chauffage, je peux aussi juste l'admirer, et enfin, je peux l'étudier « scientifiquement ». Le comportement

1. *Les Concepts fondamentaux de la métaphysique*, p. 47 (trad. mod.).
2. Hannah Arendt, « Martin Heidegger », dans *Vies politiques*, Gallimard, 1974, p. 312. Voir **Documents**, pp. 127 *sq.*

« pratique » est entièrement déterminé par l'« affaire » avec quoi il est en rapport : le menuisier, par le bois qu'il travaille, les formes à donner à ce bois, la destination de la chose à faire, etc. Or le comportement théorique a lui aussi *affaire* avec ce qui se présente, quoique d'une autre façon. (Seul le comportement « esthétique » pourrait être dit « désinteressé », encore que cela prête à confusion.)

Dans un important paragraphe d'*Être et Temps* (§ 69 B), Heidegger développe le « concept existential de la science ». Il démontre que la théorie ne naît pas d'une disparition de la pratique, mais d'une modification du rapport au monde. Par exemple, théoriquement, je ne peux plus dire : « Ce marteau est trop lourd », mais seulement : « Cette chose ayant telle consistance, telle étendue, a tel poids ». L'essentiel est que tout comportement a affaire avec *ce qui se présente.* Or cela « a été dès l'origine pensé par la pensée occidentale comme le présent et depuis longtemps nommé "l'étant" » (*Questions I*, p. 170). Le comportement ne crée pas l'ouvert de la présence (l'être), il ne fait qu'occuper sa dimension, en se rapportant à ce qui vient là en présence : l'étant.

La singularité du « comportement » scientifique, ce n'est pas qu'il prétende ne rien faire de l'étant – il serait au contraire trop aisé de montrer que toute considération, même purement « théorique », transforme radicalement ce à quoi elle a affaire. Comme unique exemple, on pourrait citer ce passage des *Méditations métaphysiques* où Descartes prend un morceau de cire : « [...] il n'a pas encore perdu la douceur du miel qu'il contenait, il retient encore quelque chose de l'odeur des fleurs dont il a été recueilli » ; or il suffit de l'approcher du feu pour qu'il ne reste plus *rien* « que quelque chose d'étendu, flexible et muable » – et c'est ce « rien » même qui constitue la vérité de la chose. Cette réduction à l'essentiel – réduction eidétique, dira Husserl –, est bien une soustraction de la chose à ce qui l'entoure, mais d'abord une réduction à « rien que » – l'étant lui-même.

La chose même, ce dont il s'agit pour la science, c'est l'étant lui-même, ce qui se présente. Celui-ci lui est proposé, soumis ; c'est l'étant qui repose sous chaque geste scientifique, donc son su-jet véritable. C'est en se soumettant à ce qui lui est ainsi sou-mis, offert, que la science peut acquérir sa position de guide dans l'ensemble de l'existence humaine. En effet, elle n'a pas à forger de toutes pièces des « hypothèses » (*hypotheses non fingo,* disait Newton, cité par Heidegger, in *Chemins...*, p. 74*)*, mais à laisser être l'étant tel qu'il se pro-pose ou se présente à la représentation scientifique. En un tel comportement de soumission, l'étant peut se manifester comme tel. La science doit laisser être l'étant tel qu'il se propose : par exemple, une recherche historique n'est scientifique que si elle laisse parler tous les documents, au lieu de les maquiller dans un but de propagande ou même d'interprétation. Cela dit, laisser parler la chose ne signifie pas s'aplatir devant les « faits » – en science comme ailleurs, il n'y a pas de purs « faits ». Le secteur doit en effet avoir déjà été ouvert, c'est-à-dire compris

– et c'est seulement dans l'horizon d'intelligibilité du sens que les choses commencent à être parlantes.

Cette relation au monde *(Bezug zur Welt,* et plus loin *Weltbezug)* consiste :

- à transformer l'étant – ce qui se présente – *d'avance* en objet de représentation ;
- à l'objectiver selon la double visée de son contenu (ce qu'il est) et de son mode d'être (comment il est) : naturel ou historique, animé ou inanimé, mobile ou immobile, etc., ce qui implique une vue préalable sur l'*essence,* même si cette vue n'est pas expressément déployée ;
- cela dans un double but : explorer le secteur ainsi ouvert et délimité, et rendre raison de tout ce qui a été objectivé à l'intérieur de ce secteur. Pas de science qui ne soit *légitimation* de son projet.

On l'a vu, la science, avec son exigence d'objectivité, entend s'en tenir à l'étant, et rien qu'à lui, rien au-delà. Rien qu'à l'étant, cela veut dire : rien de ce qu'elle tient aussitôt et d'avance pour nul, pour « rien » : ainsi, dans l'exemple du morceau de cire, la « douceur du miel » ou « l'odeur des fleurs » (Heidegger déclare ailleurs que l'être d'une chose, par exemple d'un lycée, se perçoit à « l'odeur »). Cela est encore plus vrai du néant « lui-même », si l'on peut dire : « Le néant, que peut-il être d'autre pour la science qu'une horreur et une chimère ? » écrit Heidegger (p. 45). Non seulement le néant « est » ce qui n'est pas, mais il « est » ce qui ne doit pas être, ce qui n'a pas lieu d'être. Cette conception « scientifique » est déjà formulée par Aristote dans sa *Physique* ; au début du livre IV, où il est question du « lieu », il écrit : « Tous les étants sont censés être quelque part – et le néant (ce qui n'a pas lieu d'être) n'est nulle part : où sont en effet le bouc-cerf ou le sphinx ? » (208 *a*). (À titre de réponse, on pourra indiquer que le lieu propre de la chimère, c'est la *littérature.*)

Refusant de parler d'autre chose que de l'étant, la science en parle quand même, sous la forme de ce « rien que » l'étant – mode de dénégation au sens analytique du terme. Le néant est *refoulé* par la science – mais tout refoulement produit un retour du refoulé. La dénégation n'est précisément pas « rien », pas une simple façon de parler.

Dans son cours de 1935, *Introduction à la métaphysique,* Heidegger précisera les rapports de la science à la philosophie d'une manière qui va au-delà de notre texte, mais que l'on pouvait déjà percevoir. La science ne veut rien savoir du rien, et cette *ignorance* – paradoxale si l'on songe que c'est une ignorance *de rien* – donne les *limites* de la science. Toute science est « positive », mais cette positivité repose sur la négation du néant, négation au double sens où le néant est nié (comme n'étant rien) mais aussi réduit à la négation (comme non-étant). Or cette « compréhension » du néant est directement d'origine philosophique, ce qu'ignore à nouveau la science.

« Le néant reste fondamentalement inaccessible à toute science. Celui qui veut parler véritablement du néant doit nécessairement devenir non scientifique. Mais ceci ne demeure un grand malheur qu'aussi longtemps qu'on estime que la pensée scientifique est la seule pensée rigoureuse, la seule digne d'être appelée ainsi, et que seule elle puisse et doive donner l'étalon de mesure *(Masstab)* pour la pensée philosophique aussi. Mais la chose en question se situe à l'inverse : tout mode de pensée scientifique n'est qu'une forme dérivée, et comme telle durcie, du mode de pensée philosophique. La philosophie ne naît jamais du sein de et grâce à la science. La philosophie ne se laisse jamais coordonner avec les sciences. Elle leur est plutôt pré-ordonnée, et cela non pas seulement "logiquement" ou dans un tableau du système des sciences [1]. »

Néant et logique : la primauté de l'ontologique

Heidegger écrit, dans *Introduction à la Métaphysique* (p. 35) :

« Qui parle du néant ne *sait* pas ce qu'il fait. Qui parle du néant, par une telle action en fait un quelque-chose. En parlant ainsi, il parle contre ce qu'il vise. Il se contre-dit lui-même. Un dire se contredisant porte atteinte à la règle fondamentale du dire *(logos),* à la « logique ». Le discours sur le néant est illogique. Qui parle et pense illogiquement, n'est pas un homme de science. Si maintenant c'est à l'intérieur de la philosophie, où pourtant la logique est chez elle, qu'on parle du néant, on encourt d'autant plus durement le reproche de porter atteinte à la règle fondamentale de toute pensée. Un tel discours sur le néant consiste en pures phrases dépourvues de sens. Bien plus : qui prend au sérieux le néant se met du côté du négatif (nul). Il accroît visiblement l'esprit de négation et se met au service de la décomposition. Parler sur le néant, c'est non seulement totalement contraire à la pensée, mais cela sape toute civilisation (*Kultur*) et toutes croyances. Ce qui méprise la pensée en sa loi fondamentale aussi bien qu'il détruit la volonté de construire et la foi, c'est du pur nihilisme. »

1. *Introduction à la métaphysique*, trad. mod., pp. 37-38.

La seule façon de répondre à de tels arguments n'est pas de les réfuter, mais de renverser l'ensemble de la perspective.

1. La contradiction inessentielle

Parler du néant, c'est se contredire. Or le principe de non-contradiction est une loi fondamentale de toute pensée, comme « logique ». Il a été pour la première fois formulé par Aristote, qui précise qu'il n'est pas démontrable. Vouloir le prouver reviendrait à s'appuyer sur le principe à démontrer, ce qui est une pétition de principe (*Métaphysique,* I, 4, 1006 *a.* 5). Progressivement, ce principe a été formalisé en une simple règle logico-mathématique du type A = A, alors qu'au départ il avait une valeur ontologique, portant sur l'être comme identité (voir Heidegger, « Le Principe d'identité », dans *Questions I*, pp. 257-276). Ce qui n'est jamais questionné dans ce principe (au demeurant « correct »), c'est sa provenance, ce qui le détermine *comme* principe. La « logique » (terme que Heidegger met toujours entre guillemets dans notre texte) apparaît comme une instance atemporelle, « spontanée », alors qu'elle est une puissance historique, surgie à l'intérieur de la philosophie (elle-même historique), et *dérivée* d'une pensée fondamentale : celle du *logos* comme nom pour l'*Être* (cela même que la « logique » formelle répudie comme nul, néant). La *Science de la logique* élaborée par Hegel n'est elle-même pas une « logique » ; la « contradiction », écrit-il, « est la racine de tout mouvement et de toute manifestation vitale ; c'est seulement dans la mesure où elle renferme une contradiction qu'une chose est capable de mouvement, d'activité, de manifester des tendances ou des impulsions » (tome I, p. 43 de la trad. Jankélevitch).

2. La négation dérivée par rapport au néant

Le néant est tenu pour le nul *(nichtige),* dans la mesure où il est aperçu à partir de la négation ; or la négation est la manière de voir « logique », dans la mesure où elle s'intègre à une doctrine du jugement. Mais si la négation n'est que la façon « logique » de prendre en compte le néant, elle est aussi « dérivée » que cette « logique ».

3. « Logique » et *logos*

Renverser pour renverser n'est pas une démarche féconde. Il ne s'agit pas, pour Heidegger, de détruire la « logique » pour s'installer dans l'illogique et l'irrationnel. Dans *Être et Temps,* il écrit que rationnel et irrationnel ne sont que des frères ennemis. On n'ébranlera la puissance sclérosante de la « logique » que par une remontée à l'origine, un retour vers son fondement d'être impensé : soit le *logos. Logos* se traduit d'ordinaire par « raison ». Cette traduction, Heidegger la conteste radicalement, en faisant observer, dès le début d'*Être et Temps*, qu'Aristote emploie « *legein* », le verbe correspondant, non seulement comme « dire, énoncer », mais d'abord comme « manifester, rendre visible » – au point que l'expression « phénoméno-logie » est une simple tautotologie : « montrer ce qui se montre » (le phénomène). Par la suite, et particulièrement dans la conférence « *Logos* » (dans *Essais et Conférences*), remontant à Héraclite, Heidegger dépasse le sens purement prédicatif du *logos* pour l'entendre comme le « recueil » de l'Être (*legein* voulant dire « parler », mais aussi « recueillir », comme dans « collecte »).

4. La « tautologie » : l'identité en différence

À cet égard, la proposition « Le néant néantit » apparaît déjà comme un défi à la règle « logique » qui proscrit les tautologies comme ne voulant « rien » dire : il n'y a pas de prédicat, et donc aucune connaissance n'est ajoutée au « sujet ». Or Heidegger avancera de telles « tautologies » toujours à des moments décisifs. Par exemple, dans l'écrit sur l'essence du *Grund* (« fondement » ou « raison d'être »), la phrase : « *die Welt weltet* », «le monde monde » (pas plus qu'en français il n'existe de verbe « monder », en allemand il n'y a de verbe *welten*). Simple défi à la logique ? On remarquera toutefois :

• Que l'identité mise en cause n'est nullement réductible à une égalité de termes : « néantir » n'est pas « être néant » (ce qui serait une contradiction logique), mais l'action propre du néant (et qui n'est pas égale à « anéantir »). « Néantir » ne confère pas l'être au néant, et empêche en même temps de le concevoir comme la simple négation de ce qui est.

• Que cette identité est *en différence*, et impose du coup de penser différemment, non seulement le néant, mais toute proposition, remettant en cause la priorité de la prédication sur l'« être » à penser. Le lieu de cette identité-en-différence, c'est le langage en tant que « maison de l'Être ». À ce titre, la « fausse » tautologie heideggerienne échappe aux radars de la « logique », pour qui le langage est un instrument au service de la pensée, elle-même réduite à la représentation de l'étant.

5. Le néant, « pré-nom de l'être »

Dans la *Lettre sur l'humanisme*, Heidegger précisera : néantir ne vient pas de l'étant « comme une modalité de l'ordre de l'étant qui affecte l'étant », et ne vient donc pas de l'être humain comme lui-même un étant statuant sur d'autres étants, mais de l'Être même (voir *Questions III*, p. 145). C'est ainsi qu'on ne peut pas dire : le néant « est » ceci ou cela, mais seulement : « il y a » (en allemand, *es gibt*, à la lettre, « ça donne ») néant. « Il n'est pas donné lieu séparément à l'être et au néant ; ainsi ont-ils le même tour, parenté que nous soupçonnons à peine dans la plénitude de son essence » (*Questions I*, p. 243). À ce propos, Heidegger cite deux phrases de Léonard de Vinci : « Le néant n'a pas de milieu, et ses frontières sont le néant. » Et : « Parmi les grandes choses qu'il y a à trouver autour de nous, c'est l'être du néant qui est la plus grande. »

L'angoisse et l'inquiétante-étrangeté

1. L'angoisse n'est pas un état d'âme, mais une tonalité (*Stimmung*). Elle ne relève donc pas de la psychologie ; en quoi Heidegger s'oppose expressément à Kierkegaard dans son *Concept de l'angoisse* (voir **Documents**, pp. 99 *sq.*).

2. C'est une tonalité fondamentale, parce qu'elle révèle le fond [*Grund*] de l'existence comme étant sans fond : un abîme [*Abgrund*]. Mais ce n'est en rien l'unique tonalité-fondamentale possible : « l'ennui » (*die Langeweile*) est aussi une possibilité insigne du *Dasein*, que le cours contemporain de notre conférence examinera de manière approfondie, sur près de deux cents pages (voir **Concepts clés** : tonalité, p. 65 et **Documents**, pp. 106 *sq.*).

3. À titre de tonalité fondamentale, l'angoisse est essentiellement *rare* et implique une mutation du *Dasein*, c'est-à-dire de sa temporalisation. Qu'elle n'arrive que « par instants » ne signifie pas qu'elle ait lieu de temps à autre, fugitivement, mais qu'elle fond sur nous en un éclair, pour nous transformer de fond en comble.

4. *L'angoisse diffère radicalement de la peur.* On a toujours peur *de* quelque chose, et peur *pour* quelque chose : par exemple, peur du feu, parce qu'il peut dévaster notre maison. En revanche, on s'angoisse *de rien,* et *pour rien* : l'angoisse est essentiellement *indéterminée.*

Cette différence radicale, reprise à Kierkegaard, Heidegger l'exprime déjà dans *Être et Temps* (p. 187) : « Ce qui angoisse, ce n'est donc ni ceci ni cela, ni même la somme de ce qu'il y a de donné, mais la *possibilité* de quelque chose en général, c'est-à-dire le monde lui-même. Quand l'angoisse est passée, le parler quotidien a coutume de dire : "ce n'était finalement rien". Cette façon de parler donne ontiquement la mesure de ce que c'était. »

5. L'angoisse rend tout (toute chose et nous-même y compris) *étranger*. C'est l'***Unheimlichkeit***. Ce concept est à prendre à la lettre : la non-familiarité, le fait de ne *pas* se sentir chez soi, à la maison (*Heim*). La traduction française de ce terme vient d'abord de celle du texte de Freud, « *Das Unheimliche* », paru en 1919. Bien qu'il n'existe pas de preuve que Heidegger l'ait lu à cette époque, on ne peut l'exclure (voir **Documents**, pp. 102 *sq.*).

Le terme reviendra chez Heidegger, par exemple quand il s'agira de traduire le grec *deinon* (« terrible, effrayant ») qui donne, dans le chœur d'*Œdipe-Roi,* la définition grecque de l'être humain (voir *Introduction à la métaphysique,* pp. 155 *sq.*). Le radical *Heim-* (« demeure ») se trouve aussi bien dans *Heimat,* le « pays natal », que dans *Geheimnis,* le « secret ». Or le *Dasein* est d'abord déterminé comme « être-dans-le-monde » ; mais cet être-dans n'est pas une immanence, car le *Dasein* n'est pas un intérieur, mais bien l'horizon, déjà, de la transcendance. Le domaine familier, pour le *Dasein,* ce n'est *pas* d'abord soi, ni même le monde, mais ce qui se trouve découvert *dans* le monde, les choses dont l'On se soucie, l'étant « intramondain ». C'est pourquoi lorsque l'angoisse révèle le néant de toutes choses, elle dé-payse radicalement le *Dasein,* mais aussi lui révèle son *propre* séjour : à savoir d'être irréductiblement *autre,* étranger dans la mesure même où son mode d'être n'est pas celui des choses simplement subsistantes (posées sous la main), mais l'ek-sistence, l'être « hors de soi » ou « pas-chez-soi » (*Unzuhause :* pas à la maison ; la « demeure » du *Dasein,* c'est l'Être en tant que *différent* de l'étant). C'est ce que développe l'extrait suivant du § 40 d'*Être et Temps* :

« Dans l'angoisse, on se sent "*unheimlich*" (mal à l'aise, oppressé, étranger). Par là s'exprime d'abord l'indétermination spécifique où se sent plongé le *Dasein* en proie à l'angoisse : le rien et nulle part. Mais cette inquiétante étrangeté signifie aussi : ne pas être chez soi. Lorsqu'on a donné la première indication phénoménale de la constitution fondamentale du *Dasein* et clarifié le sens existential de l'être-dans par opposition à la catégorie d'"intériorité", l'être-dans a été déterminé comme habiter auprès de..., être familier avec. Ensuite, on a rendu plus concrètement visible ce trait grâce à la manière publique et quotidienne dans laquelle l'On se trouve : dans une complète assurance de soi, le *Dasein* quotidien s'installe tranquillement chez-soi, dans un chez-soi qui va lui-même "de soi". En revanche, l'angoisse arrache le *Dasein* à son absorption déchue dans le pseudo-"monde". La familiarité quotidienne s'effondre. Le *Dasein* est rendu seul, mais *comme* être-dans-le-monde. L'être-dans prend le "mode" existential du *pas chez-soi.* Parler d'"inquiétante étrangeté" ne veut rien dire d'autre.

On peut désormais clairement voir, phénoménalement, ce devant quoi le déchoir (*Verfallen*) prend la fuite. Il ne fuit pas *devant* de l'étant intramondain, mais précisément *vers* lui, vers ce dont on se préoccupe quotidiennement, vers ce qui offre un séjour familier, tranquillisant. La fuite éperdue *dans* le chez-soi du lieu commun est fuite *devant* le pas-chez-soi, c'est-à-dire l'inquiétante étrangeté qui hante le *Dasein* en tant qu'être-dans-le-monde, jeté et livré à lui-même en son être. Cette étrangeté poursuit incessamment le *Dasein* et menace, même si ce n'est pas expressément, sa perte quotidienne dans l'On. Cette menace peut coïncider de fait avec une sécurité et une immunité totales des préoccupations quotidiennes. L'angoisse peut monter dans les situations les plus anodines. Elle n'a pas non plus besoin de l'obscurité où l'on se sent si facilement "étrange". Dans l'obscurité il n'y a, strictement, "rien" à voir, bien que justement le monde soit *encore* "là", et même de manière *bien plus* oppressante.

En interprétant l'inquiétante étrangeté du *Dasein* sur un plan existentialo-ontologique comme la menace qui touche le *Dasein* à même lui-même, nous ne prétendons pas pour autant que, dans l'angoisse de fait, on l'ait toujours déjà compris ainsi. La manière quotidienne de comprendre l'inquiétante étrangeté est l'a-version[1] déchéante, qui "aveugle" le pas-chez-soi. La quotidienneté de cette fuite montre toutefois, phénoménalement, ceci : étant existentiale, et non celle d'une chose sous-la-main (*vorhanden*), le mode d'être du *Dasein* comme être-dans-le-monde implique qu'il se trouve toujours de fait affecté, et donc que lui appartient essentiellement l'angoisse comme tonalité fondamentale. Être-dans-le-monde sur le mode de la quiétude familière est un mode de l'inquiétante étrangeté du *Dasein*, et non l'inverse. *C'est le pas-chez-soi[2] qu'il faut concevoir sur un plan existentialo-ontologique comme le phénomène le plus originel.* »

Être et Temps, pp. 188-189.

Le physicien Werner Heisenberg et le théologien Georg Pitch.
« La rigueur d'aucne science n'atteint le sérieux de la métaphysique ».

1. *Abkehr*, le fait de se détourner de...
2. En « apostille» de l'édition intégrale, Heidegger précisera : *Enteignis*, l'ex-propriation.

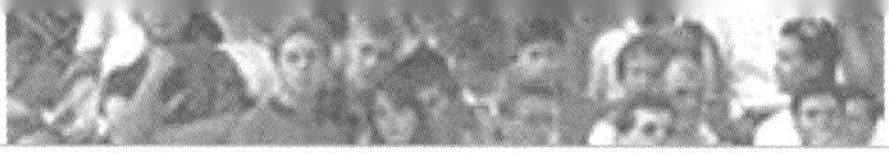

Résumé - Guide de lecture

Qu'est-ce que la métaphysique ?

La question appelle un discours *sur* la métaphysique. Au lieu de cela, ce sera *une* question métaphysique précise qui sera traitée (cette question : « Qu'en est-il du néant ? » ne sera posée qu'à la fin de la première partie). La question donne le plan de la conférence :

1. Développement
2. Élaboration
3. Réponse

1. Développement de la question (pp. 42-45)

« Développement » veut dire ici : déployer la question jusqu'à sa formulation explicite. L'opération se fait par le déplacement de la question (encore non formulée) à celui qui questionne. Reconnaître que celui-ci est impliqué par celle-là, c'est nous mettre nous-mêmes en question.

Qui questionne ? Nous, ici et maintenant. Qui sommes-nous ? Nous sommes ceux dont le *Dasein* est déterminé par le savoir. Il s'agit de savoir ce qu'est savoir. Trois déterminations essentielles du savoir vont ressortir :

- le rapport au monde (à l'étant) ;
- une attitude de l'existence ;
- l'irruption d'un étant (l'homme) au sein de l'étant en entier qui vient, à la faveur de cette irruption, percer comme tel.

Ces trois manières d'être qui constituent le tranchant éclatant de l'existence « scientifique », se définissent toujours par rapport à l'étant et à rien d'autre – rien de plus ou rien au-delà. Qu'en est-il de ce « rien » ?

La science prétend ne rien savoir du rien. Or, en reléguant le néant comme nul et non avenu, elle ne peut faire que l'alléguer (selon la logique de la dénégation). Le néant refoulé revient menacer la science, lorsqu'il s'agit de déterminer son mode d'être le plus propre : ne s'en tenir qu'à l'étant et à *rien* d'autre.

D'où surgit la question : **Qu'en est-il du néant ?**

2. Élaboration de la question (pp. 45-51)

Elle rencontre immédiatement les objections du sens commun.

- **Première objection** : la question est en soi un contresens. Elle se contredit elle-même, puisqu'elle suppose le néant comme étant ceci ou cela ; elle va

ainsi à l'encontre du principe de non-contradiction et donc de la « logique ». Mais la « logique » est-elle la dernière instance à faire autorité en la matière ? Pour la « logique », le néant est la négation de l'étant, le non-étant, et la négation est une opération de l'entendement.

- **Réponse** : le néant vient-il de la négation ou au contraire « produit-il » la négation ? Auquel cas la « logique » n'a pas son mot à dire.
- **Deuxième objection** : le néant doit pouvoir être donné si l'on doit en faire l'objet de la question ; or le néant, selon la définition courante, est la négation de la totalité de l'étant que l'on ne peut saisir que sous forme d'idée.
- **Réponse** : il y a une différence entre appréhender la totalité et s'y sentir situé ; l'homme est d'avance jeté au milieu de la totalité de l'étant, même s'il ne l'appréhende pas comme telle. C'est le phénomène de la tonalité [*Stimmung*]. Différents types de tonalités : l'ennui, la joie ; à chaque fois, ces puissances de l'existance nous dévoilent l'étant en son ensemble.
- **Dernière objection** : dévoiler l'étant, c'est du même coup dérober le néant.
- **Réponse** : il y a *une* disposition qui dévoile le néant – l'*angoisse.*
- **L'angoisse** : Ce qu'elle n'est pas : une peur ; car l'angoisse ne se rapporte à rien de spécial ; son objet aussi bien que ce pour quoi elle a lieu sont complètement indéterminés, indétermination qui manifeste déjà le néant. Sa situation est de rendre le *Dasein* « étranger » *(unheimlich).* Le néant s'y manifeste comme recul de l'étant, perte de toute assise et de tout sol. Plus rien ne tient. C'est ce « rien » qui est éprouvé en même temps que l'échappée de l'étant en entier et que confirme, a *posteriori,* le parler quotidien.

3. Réponse à la question (pp. 51-60)

- **Récapitulation** : le néant est « donné » – mais non pas à côté de l'étant, ni comme sa négation. Le néant se manifeste en un double mouvement de répulsion et d'expulsion : repoussant de soi, il renvoie à l'étant en entier qui s'abîme. Ainsi, il manifeste l'étant comme tel, comme ce qui n'est *pas* rien.
- **Le néant même néantit** : Néantir n'est pas anéantir, c'est dévoiler l'étant dans sa radicale étrangeté ; et ainsi rendre le *Dasein* étranger, hors de l'étant comme tel. Par là seulement le *Dasein* peut soutenir un rapport à l'étant et ainsi être lui-même. *Da-sein* signifie : se re-tenir *en* le néant, *hors de* l'étant. C'est la ***transcendance.***
- **Réponse finale à la question sur le néant** : il appartient à l'essence même de l'Être et rend possible au *Dasein* la manifestation de l'étant comme tel.
- **Objection** : d'où vient que l'angoisse, qui révèle le néant et ainsi le *Dasein* à soi-même, soit pourtant si rare ?
- **Réponse** : parce que d'ordinaire le néant nous est caché par l'étant auquel nous nous consacrons. Plus nous nous tournons vers l'étant, plus nous nous

détournons du néant. Néant et étant définissent, par un jeu de renvois mutuels, l'espace de jeu du *Dasein,* entre une familiarité étrange et une étrangeté qui ouvre la proximité « authentique ».

- **Retour aux objections** de la Première partie et réponse définitive à ces objections : la négation est bel et bien fondée sur le néant – ce qui dissout l'idée même de « logique » dans un tourbillon plus originel.
  Autres cas de néantissement que la négation : le refus, l'interdit, la privation ; ils ne relèvent pas de la négation.
  L'angoisse est le plus souvent *refoulée,* mais elle veille dans chaque *Dasein :* il y a une graduation, de l'anxiété jusqu'à l'audace de l'angoisse « retenue », qui a secrètement partie liée avec la sérénité et le désir créateur.
  Le *Dasein* est la sentinelle ou le lieu-tenant du néant, en tant qu'il est essentiellement déterminé comme **finitude**. Celle-ci témoigne de la transcendance. Cette dernière définit le sens du mot même de « métaphysique » et donne ainsi la réponse à la question de la conférence : la métaphysique consiste à dépasser l'étant vers son être.

- **Examen des différentes thèses « métaphysiques » sur le néant** comme « non-étant ». L'Antiquité le conçoit comme matière sans forme, la scolastique médiévale comme absence, antithèse de l'Être suprême. Problème de la relation de Dieu avec le néant. La thèse de Hegel, qui pose être et néant comme identiques, doit être réinterprétée non dialectiquement, mais selon l'horizon de la finitude originelle du *Dasein.*

  Le néant donne le fondement rendant possible la métaphysique *et donc la science.* Celle-ci n'est science que si elle ne relègue pas le néant et celui-ci gouverne « le destin du chercheur ».

  La science est issue (ex-siste) de la métaphysique comme transcendance. Seul le néant peut dévoiler l'étrangeté de l'étant, et provoquer l'*étonnement.* L'étonnement amène à poser la question du pourquoi ?

  La métaphysique est elle-même le *Dasein* comme radicalement historial. Cet historial est un fond sans-fond, et ouvre donc la possibilité de l'erreur la plus profonde – qui définit le sérieux de la métaphysique, excédant toute exactitude scientifique. La métaphysique est l'*essence* de l'homme (confirmation par une citation de Platon).

- **Conclusion** : sur les trois conditions ou exigences nécessaires pour que l'homme soit celui qu'il est – philosophe : laisser-être l'étant, se laisser tomber dans le néant, et aller sans cesse suspendu de l'un à l'autre pour se poser la question **fondamentale** de la métaphysique :

  Pourquoi y a-t-il de l'étant et pas plutôt rien ?

« Les pâtres, invisibles, habitent au-delà des deserts de la terre dévastée… »
(« Dépassement de la métaphysique », in E. & C., *p. 113).*

Qu'est-ce que la métaphysique ?

HEIDEGGER

Traduction
La traduction est celle de Henry Corbin

Qu'est-ce que la métaphysique ? L'attente à laquelle cette question donne l'éveil est celle d'un discours sur la métaphysique. Nous y renoncerons. Au lieu de cela, nous discuterons une question métaphysique précise. En procédant ainsi, nous nous transportons immédiatement dans la métaphysique. De cette seule manière, nous lui procurons la possibilité adéquate de se présenter elle-même. Notre projet comporte comme initiative le développement d'une interrogation métaphysique ; il tentera alors d'élaborer la question et s'achèvera en lui donnant une réponse.

LE DÉVELOPPEMENT D'UNE INTERROGATION MÉTAPHYSIQUE

Du point de vue du « bon sens », la philosophie est, selon le mot de Hegel, le « monde à l'envers[1] ». En conséquence, le caractère spécifique de notre initiative a besoin d'être préalablement marqué en propre. Cette propriété résulte d'un double caractère que possède l'interrogation métaphysique.

D'une part, chaque question métaphysique embrasse toujours l'ensemble de la problématique de la métaphysique. Elle est, chaque fois, l'ensemble lui-même. Mais alors, aucune question métaphysique ne peut être questionnée sans que le questionnant – comme tel – ne soit lui-même compris[2] dans la question, c'est-à-dire pris dans cette question.

Nous en dégageons l'avertissement suivant : l'interrogation métaphysique doit nécessairement être posée dans son ensemble ; chaque fois elle doit l'être comme naissant de la situation essentielle de la réalité-humaine *(Dasein)* questionnante. C'est nous qui interrogeons, ici et maintenant, pour nous. Notre *Dasein* – dans notre communauté de chercheurs, de professeurs et d'étudiants – est déterminé par la connaissance[3]. Qu'en advient-il[4] de nous d'essentiel, dans le fond de notre *Dasein,* pour autant que la connaissance est devenue notre passion[5] ?

1. Dans son article « Sur l'essence de la critique philosophique en général », Hegel note : « La philosophie est par nature quelque chose d'ésotérique qui n'est pas fait pour le vulgaire ; [...] pour le sens commun, le monde de la philosophie est en soi et pour soi un monde à l'envers. » Voir **Problématiques essentielles** : La science ne veut rien savoir du rien, p. 27.

2. Co-présent dans la question, déjà « là » *(da)* avec la question et ce qu'il met en question. Le mot *da* introduit donc le *Dasein* : rien d'autre que *nous.* D'avance une co-présence, un être avec *(Mitsein).* Voir **Concepts clés** : *Dasein,* p. 62 ; **Questions fondamentales** : Questionner *(Fragen)*, p. 66.

3. *Wissenschaft* : la « science », au sens large du savoir.

4. Advient *(geschieht),* au sens fort d'un « historial ». Voir **Glossaire** : historial, p. 137.

5. *Leidenschaft.* Voir la détermination de la science grecque comme « endurance », *in* **Documents** : Autour du concept de science/ la science grecque, pp. 91-92.

Les domaines de nos connaissances sont séparés par de vastes distances. La manière dont chacune de nos sciences traite son objet diffère essentiellement de l'autre. La multitude de disciplines ainsi émiettées ne doit plus aujourd'hui sa cohérence qu'à l'organisation technique d'Universités et de Facultés ; elle ne conserve un sens qu'à travers les buts pratiques poursuivis par les spécialistes. En revanche, l'enracinement des sciences dans leur fondement essentiel est bel et bien mort[1].

Et pourtant, par toutes ces sciences nous sommes, en suivant les visées qui leur sont absolument propres, en rapport avec l'étant lui-même. Du point de vue des sciences précisément, aucun domaine ne jouit d'une préséance sur l'autre ; la Nature ne passe pas avant l'Histoire, ni inversement. Il n'est pas une façon de traiter les objets qui se place au-dessus des autres. La connaissance mathématique n'est pas plus rigoureuse que la connaissance historique ou philologique ; elle a simplement le caractère de l'« exactitude », ce qui ne coïncide pas avec la « rigueur ». Exiger de la science de l'histoire l'« exactitude », ce serait porter atteinte à l'idée de la rigueur qui est spécifiquement propre aux sciences de l'Esprit[2]. Le rapport avec le monde, qui gouverne toutes les sciences comme telles, leur fait chercher l'étant lui-même, afin qu'elles en fassent l'objet d'une exploration et d'une définition qui en pose le fondement, en se conformant chaque fois au mode d'être de cet étant et à la qualité de son contenu. Ce qui s'accomplit dans les sciences – en vertu de leur Idée – c'est un mouvement d'approche vers l'essentiel de toutes choses.

Ce rapport caractéristique avec le monde, qui est un rapport tendant vers l'étant lui-même, a comme support et comme guide une attitude[3] que l'*existance*[4] humaine choisit librement. Certes, la conduite générale de l'homme, préscientifique ou extrascientifique, marque également une relation avec l'étant. Mais le caractère privilégié de la science tient à ce qu'elle laisse par principe, expressément et uniquement à la chose elle-même[5], le premier et le dernier mot. Interrogation, définition, exposé des raisons s'en tenant ainsi à la pure matérialité-des-choses, il se produit une soumission[6] envers l'étant qui tend à lui laisser, à lui-même, le soin de se révéler. Recherche et théorie ont donc ainsi le rôle de servir ; sur le développement de ce service repose, comme sur sa

1. Ce fondement d'être est la Métaphysique. Sur les rapports des sciences à la métaphysique, voir **Problématiques essentielles**, p. 27 et **Documents**, p. 93.

2. Les sciences de l'Esprit = les sciences humaines. Sur l'exactitude et la rigueur, voir **Documents**, p. 95.

3. Ce second moment *Haltung* – l'« attitude » – est déjà inclus dans le premier *(Verhalten,* le comportement, le rapport tenu à...). L'attitude est la deuxième détermination essentielle du savoir.

4. Voir **Glossaire** : existance, p. 135.

5. En allemand, *die Sache selbst* (« la chose même ») rappelle la maxime husserlienne : *zu den Sachen selbst !* (« droit aux choses mêmes »). Sur les rapports de Heidegger à Husserl, voir **Biographie**, pp. 3 *sq.* ; **Problématiques essentielles**, p. 27 ; voir **Documents**, p. 115.

6. *Unterwerfung* : « assujettissement ».

base, la possibilité d'un rôle de guide[1] dans l'ensemble de l'existence humaine qui, tout en étant limité, n'en est pas moins le rôle propre de la recherche. Le rapport particulier que la science soutient avec le monde, de même que l'attitude humaine qui lui sert de guide, ne sont, il est vrai, parfaitement conclus que lorsque nous voyons et saisissons ce qui se produit, ce qui *s*'historialise [2] *(geschieht)* dans le rapport ainsi soutenu avec le monde. L'homme – cet étant parmi d'autres étants – « poursuit des recherches scientifiques[3] ». Ce qui se produit dans cette poursuite, ce n'est rien de moins que l'irruption[4] d'un étant, appelé homme, dans l'ensemble de l'étant, et cela de telle sorte que dans cette irruption et par elle, l'étant vient à éclore en ce qu'il est et tel qu'il est. L'irruption qui fait éclore, c'est elle qui, avant tout, suivant le mode qui est sien, produit[5] l'étant à lui-même.

Ce triple aspect – relation au monde, attitude, irruption – formant dès la racine une unité, simplifie[6] et tranche avec l'éclat du feu la réalité humaine qui *se réalise (Da-sein)* dans l'existance scientifique. Ayant projeté en elle cette lumière, si nous nous approprions expressément pour nous-mêmes ce *Da-sein* dans la science, nécessairement alors nous devons dire :

Ce à quoi est relative la relation du monde, c'est l'étant lui-même – et rien d'autre.

Ce dont toute attitude reçoit sa conduite directive, c'est l'étant lui-même – et rien de plus.

Ce avec quoi s'historialise, dans l'irruption, l'analyse qui recherche et confronte, c'est l'étant lui-même – et rien au-delà.

Or, chose remarquable, c'est précisément dans la manière dont l'homme qui fait des recherches s'assure de ce qui est absolument sien, qu'il parle d'un Autre[7]. Ce que la recherche doit pénétrer, c'est simplement « ce qui est », et en dehors de cela – rien : uniquement « ce qui est », outre cela – rien : exclusivement « ce qui est », et au-delà – rien.

Qu'en est-il donc de ce Rien ? Est-ce un hasard que nous nous exprimions ainsi tout naturellement ? Est-ce une simple façon de parler – et rien de plus ?

Seulement, qu'avons-nous à nous soucier de ce Rien ? Le néant, précisément la science le repousse et le relègue comme constituant le pur négatif[8]. Pourtant, lorsque nous reléguons de cette façon le néant, précisé-

1. « Guide » – en allemand : *Führer* – renvoie plutôt à l'idée d'un savoir qu'à celle d'une domination. Voir **Biographie**, pp. 3 *sq.*

2. Voir **Glossaire** : historial, p. 137.

3. Traduction de « *treibt Wissenschaft* » : expression courante (= on fait de la science, comme on fait du vélo), entendue au sens fort du verbe *treiben* : pousser (voir *der Trieb,* l'instinct, la pulsion ; *Antrieb* : l'impulsion ; *Betrieb* : l'exploitation). Sur le *Betrieb,* voir **Document**, p. 96.

4. L'irruption *(Einbruch)* du *Dasein* dans l'ensemble de ce qui « est » donne précisément possibilité à l'étant de percer, d'éclore *(anfbrechen) comme tel.* L'irruption est la troisième détermination du savoir. Voir **Documents**, p. 93.

5. Produire à entendre comme : produire un document, le montrer ouvertement.

6. Tout savoir est réducteur (« réduction eidétique », disait Husserl). Sur la singularité du comportement scientifique, voir **Problématiques essentielles**, p. 27.

7. En allemand, « Autre » est un neutre : autre chose. Lorsqu'il s'agit de son bien le plus propre, l'homme de science parle d'autre chose. Sur la dénégation comme mode de discours scientifique, voir **Problématiques essentielles**, p. 27.

8. *Das Nichtige* : le nul et non avenu.

ment alors ne l'alléguons-nous pas[1] ? Mais pouvons-nous parler d'alléguer si nous n'alléguons rien ? Et ne tombons-nous pas carrément avec tout cela dans une creuse logomachie ? N'est-ce pas précisément maintenant que la science doit reprendre son sérieux et son sang-froid, afin d'avoir affaire exclusivement avec « ce qui est » ? Le néant, que peut-il être d'autre pour la science qu'une horreur et une chimère[2] ?

Si la science est dans son droit, un seul point se trouve fixé : c'est que du Rien la science ne prétend rien savoir. Et telle est, finalement, la conception scientifiquement rigoureuse du néant. Nous le connaissons pour autant que nous n'en voulons rien savoir, ne rien savoir de ce Rien.

La science ne veut Rien savoir du néant. Mais tout aussi sûr est ceci : justement là où elle cherche à exprimer son essence propre, elle appelle le néant à l'aide. Sur ce qu'elle rejette, elle élève une prétention. Quelle discordance[3] nous dévoile-t-elle en sa réalité essentielle ?

En réfléchissant sur notre existance effective – comme sur une existance déterminée par la recherche scientifique – nous sommes tombés au beau milieu d'un entre-choc[4]. Dans ce choc, une interrogation s'est déjà développée. La question n'a besoin que d'être exprimée en propres termes :

Qu'en est-il du néant ?

L'ÉLABORATION DE LA QUESTION

Le fait même d'élaborer la question du néant nous pousse nécessairement dans la situation qui nous fera connaître s'il est possible qu'elle reçoive une réponse, ou bien au contraire si y répondre constitue une impossibilité. Le néant, avons-nous dit, est allégué, c'est-à-dire relégué au contraire par la science, avec une indifférence supérieure, comme « ce qu'il n'y a pas ».

Essayons toutefois d'interroger sur le néant : Qu'est-ce que le néant ? Dès le premier contact, la question trahit quelque chose d'insolite[5]. En interrogeant ainsi, nous posons d'ores et déjà le néant comme quelque chose qui « est » ceci et cela, comme un étant. Or, il en

1. Jeu de mots entre *preisgeben* (« reléguer » et *zugeben* (« alléguer »). On ne peut reléguer que ce qui déjà été légué, donné (racine commune : *geben*).

2. Une fantasmagorie. Telle est la conception métaphysique du néant comme *mè on* où la négation *mè* ne nie pas seulement le fait, mais affirme l'impossibilité de la chose. Voir **Problématiques essentielles**, p. 27 ; **Questions fondamentales** : Histoire du néant, p. 81.

3. Essence ambiguë *(Wesen zwiespältiges)*. Le néant est à la fois rejeté et appelé à l'aide. Mais l'ambiguïté ressort de l'essence de la Métaphysique : celle-ci se déploie sur le fond de la duplicité entre être (= non l'étant) et étant ; en choisissant de s'en tenir à *rien-que-l'étant*, la science répète à l'envers une telle duplicité.

4. Un antagonisme *(Widerstreit) où* règne un différend *(Streit)* qui manifeste l'hétérogénéité de deux discours tenus par le même locuteur (la science qui relègue et allègue à la fois le néant).

5. Insolite pour la science, qui relègue le Néant comme ce qui n'est pas – d'où l'impossibilité de la question « qu'*est*-ce que le néant ? ».

diffère radicalement. Interroger sur le néant – demander ce qu'il est et comment il est – renverse l'objet de la question en son contraire. La question se dépouille elle-même de son propre objet.

Corrélativement, toute réponse à cette question est, dès l'origine, impossible, car elle se présente, et par la force des choses, sous la forme suivante : le néant « est » ceci et cela. Question et réponse à l'égard du néant impliquent donc le même contresens[1].

Ainsi, il n'est pas besoin que la science le rejette. La règle communément admise comme règle fondamentale de la pensée, le principe de la contradiction à éviter[2], la « logique » [3] générale, étouffent cette question. Car la pensée – qui est essentiellement toujours la pensée de quelque chose[4] – devrait, en tant que pensée du néant, agir à l'encontre de son essence propre.

Puisqu'il nous demeure interdit de faire du néant comme tel un objet, nous voici déjà au bout de notre enquête sur le néant – à supposer, toutefois, que dans cette question la « logique » soit bien la suprême instance, que l'entendement soit bien le moyen, et la pensée exactement la voie qui conduise à saisir le néant en son origine, et à décider s'il est possible de le dévoiler.

Mais serait-il donc permis de toucher à la souveraineté de la « logique » ? L'entendement n'est-il donc pas réellement seigneur et maître dans cette interrogation sur le néant ? Avec son aide, nous n'arrivons pourtant qu'à une détermination toute générale du néant, nous pouvons le poser comme un problème, mais comme un problème qui se détruit lui-même. Car le néant est la négation[5] de la totalité de l'étant, le non-étant pur et simple. Toutefois, en nous exprimant ainsi, nous soumettons le néant à une détermination plus haute, celle du négatif[6] : nous le définissons comme une chose-niée. Or, selon la doctrine souveraine et inviolée de la « logique », la négation est une opération de l'entendement. Comment, dès lors, pourrions-nous prétendre dans la question du néant, voire dans la question de la possibilité même de cette question, mettre l'entendement en vacances ? Pourtant, ce que nous présupposons là, est-il si sûr ? Le non, la négativité et par conséquent la négation, présentent-elles la détermination supérieure, sous laquelle le néant tomberait comme une espèce particulière de chose-niée ? N'y a-t-il le néant que parce qu'il y a le « non », c'est-à-dire la

1. Contresens qui se rapproche du non-sens : ce qui va contre le sens. Le *sens* « commun », « logique », à vocation totalitaire, n'admet pas le Néant. Voir **Problématiques essentielles**, p. 27.

2. Sur le principe de contradiction comme fondement de la Logique, voir **Problématiques essentielles**, p. 31.

3. « Pourquoi la conférence met-elle ce terme entre guillemets ? Pour indiquer que la "Logique" n'est *qu'une* interprétation de l'essence de la pensée. » (*QU.I.*, p. 79.)

4. C'est ce qu'a établi Platon dans le *Sophiste* (237*e*). Voir **Questions fondamentales** : Histoire du néant, p. 81.

5. La négation *(Verneinung)* est un dire-non ; or « dire » – en grec, *legein* – relève du *logos* dont la théorie est la « logique ». Voir **Problématiques essentielles**, p. 31 ; **Glossaire** : négation, p. 138.

6. *Des Nichthaften* : de ce qui comporte un « ne... pas » (*nicht*). Le *Nichts* (rien, néant) devient le non-étant, l'étant qui est nié, étant affecté d'un signe négatif, d'un « non » (*nicht*). Voir **Concepts clés** : néant et négation, p. 64.

négation ? Ou bien est-ce le contraire ? N'y a-t-il la négation et le « non » que parce qu'il y a le néant ? Voilà qui n'est pas décidé, et qui n'a même jamais été élevé à la hauteur d'une question explicite. Nous affirmons ceci : le néant est originairement antérieur au « non » et à la négation.

Si cette thèse est juste, alors la possibilité de la négation comme opération de l'entendement, et par là l'entendement lui-même, dépendent en quelque sorte du néant. Comment l'entendement peut-il alors prétendre décider de ce dernier ? Est-ce que, finalement, le contresens apparent des question et réponse concernant le néant reposerait sur le sens-propre[1] aveuglément affirmé par l'entendement en vagabondage ?

Si l'impossibilité que présente en sa forme la question du néant ne nous décourage pas, si à son encontre nous posons la question quand même, nous devons du moins satisfaire à ce qui ne laisse pas de subsister comme une exigence fondamentale pour la possibilité de mener à bonne fin toute question, quelle qu'elle soit. Si le néant, quoi qu'il puisse en être, doit être lui-même le contenu de la question[2], il faut qu'il puisse être tout d'abord donné. Il faut que nous puissions le rencontrer.

Où chercherons-nous le néant ? Comment trouverons-nous le néant ? Ne devons-nous pas, pour trouver quelque chose, avoir déjà la connaissance générale que cette chose existe ? En effet, tout d'abord et le plus souvent, l'homme n'est capable de chercher que lorsqu'il a anticipé sur la présentation réelle[3] de l'objet cherché. Or, ce que nous cherchons maintenant, c'est le néant. Y a-t-il finalement une recherche sans cette anticipation, une recherche qui comporterait une découverte pure ?

Quoi qu'il puisse en être, nous connaissons le néant, bien que ce soit simplement comme ce dont, tous les jours, nous parlons par-ci par-là. Et ce néant vulgaire, anémié sous la pâleur d'une évidence toute faite, ce néant qui sans se faire remarquer rôde autour de nos parleries[4], nous pouvons même lui donner, sans hésiter, l'apprêt d'une définition : le néant est la négation radicale de la totalité de l'étant.

Cette caractérisation du néant ne semble-t-elle point finalement pointer l'index dans la seule direction d'où il pourra nous rencontrer ?

1. Jeu de mots : en allemand « *Eigensinnigkeit* » veut dire couramment : entêtement idiot, aveuglement ; Heidegger l'entend à la lettre comme le « sens-propre » (comme en français on parle d'« amour-propre »). L'entendement prétend établir des règles de validité universelle ; mais il n'est lui-même qu'un sens *dérivé*, particulier par rapport à un sens original (de même que la « logique » n'est qu'*une* interprétation, en quelque sorte « privée », de l'essence originelle de la pensée).

2. *Befragt :* ce qui est soumis à la question, interrogé ; poser une question, c'est s'adresser à quelque chose (ou quelqu'un) pour lui demander quelque chose. Or pour pouvoir s'adresser à quelque chose, il faut que ce quelque chose se *soit* présenté à nous *d'abord.* Voir **Questions fondamentales** : Questionner (*Fragen*), p. 66.

3. *Das Vorhandensein* : l'être-subsistant, « sous la main ». Voir **Glossaire** : réel/subsistant, p. 139.

4. *das Gerede,* le « bavardage », voir **Glossaire**, p. 133.

Il faut que tout d'abord soit donnée la totalité de l'étant, pour qu'elle puisse être soumise comme telle à la négation radicale, dans laquelle le néant lui-même devrait alors se dénoncer.

Seulement, même abstraction faite du caractère problématique que présente le rapport entre la négation et le néant, comment nous, êtres finis[1], rendrons-nous accessible en soi et en même temps à nous l'ensemble de l'étant en sa totalité ? Tout au plus pouvons-nous penser dans son « Idée[2] » l'ensemble de l'étant, nier par la pensée ce que nous imaginons ainsi, puis le « penser » comme nié. De cette manière, nous atteignons bien le concept formel du néant imaginé, mais jamais le néant lui-même. Mais le néant n'est rien, et entre le néant imaginé et le néant « réel[3] », il ne peut régner de différence, s'il est vrai que le néant représente bien l'indifférenciation absolue. Quant au néant « réel », n'est-ce pas là encore la notion voilée mais contradictoire d'un néant *étant* ? C'est la dernière fois que les objections de l'entendement auront arrêté notre recherche, dont la légimité ne pourra être établie qu'à travers une expérience fondamentale du néant.

S'il est sûr que jamais nous ne saisissions absolument en soi l'ensemble de l'étant, il est non moins certain que nous nous trouvons placés au milieu de cet étant, qui nous est dévoilé en son ensemble d'une manière ou d'une autre. Finalement, une différence essentielle intervient entre saisir l'ensemble de l'étant en soi, et se sentir[4] au milieu de l'étant en son ensemble. Le premier terme marque une impossibilité de principe[5]. Le second, un événement continuel en notre *Dasein.*

Sans doute, il semble que précisément dans les démarches de notre vie quotidienne, nous ne nous attachions chaque fois qu'à tel ou tel étant, et que nous nous consacrions exclusivement[6] à tel ou tel domaine de l'étant. Bien qu'elle ait ainsi l'apparence de se disperser, la banalité quotidienne n'en assure pas moins toujours la cohérence de l'étant en son ensemble, bien qu'une ombre la dissimule. C'est alors même – et précisément alors – que nous ne sommes *pas* spécialement occupés des choses ni de nous-mêmes, que cet « ensemble » nous survient, par exemple dans l'ennui véritable. Ennui encore lointain, dans le cas où c'est simplement tel livre, tel spectacle, tel travail ou telle distraction qui nous ennuie ; mais

1. Voir **Glossaire** : finitude, p. 136.

2. Voir **Glossaire** : idée, p. 137.

3. « *Eigentliche* » : « authentique » (par opposition à la « fausse monnaie ») et non pas « réel » au sens de la *réalité* matérielle d'une chose.

4. Voir **Glossaire** : sentiment de la situation, p. 139.

5. Connaître *(erfassen,* saisir) l'ensemble de ce qui est n'est pas possible parce que la connaissance n'a affaire qu'à des objets limités et non au tout de l'expérience qu'est le « monde ».

6. « ... que nous soyons perdus en tel ou tel secteur de l'étant ». Voir **Glossaire** : déréliction, p. 134.

ennui qui éclôt lorsque « l'*on* s'ennuie[1] ». L'ennui profond, essaimant comme un brouillard silencieux dans les abîmes du *Dasein*, rapproche[2] les hommes et les choses, et vous-mêmes avec tous, dans une indifférenciation étonnante. Cet ennui révèle[3] l'étant en son ensemble.

Une autre possibilité de cette révélation nous est donnée dans la *joie* que suscite le présent non pas de la « personne » pure et simple, mais le présent de la présence[4] d'un être chéri.

Semblable tonalité-affective dans laquelle on « est » dans un tel ou tel « état », fait que nous nous sentons au milieu de l'étant en son ensemble, dont le ton nous pénètre. La situation-affective *(Befindlichkeit)* que nous fait sentir cette tonalité *(Stimmung)*, non seulement nous dévoile chaque fois à sa manière l'étant en son ensemble, mais ce dévoilement, loin d'être un simple accident, est en même temps l'historial essentiel dans lequel *se réalise* notre *réalité*-humaine *(Dasein)*.

Ce que nous appelons « sentiments » n'est ni un épiphénomène[5] fugitif du comportement de notre pensée et de notre volonté, ni une simple impulsion qui le provoquerait, ni un état subsistant comme une chose, avec lequel nous passerions tel ou tel arrangement.

Pourtant, si les tonalités-affectives nous mettent ainsi en présence de l'étant en son ensemble, elles nous dérobent le néant que nous cherchons. Et nous serons maintenant encore moins d'avis que la négation de l'étant en son ensemble, tel que la tonalité affective nous le révèle, nous mette en présence du néant. Cela ne pourrait arriver, avec le caractère originel correspondant, que dans une tonalité-affective qui, par une action dévoilante en un sens absolument propre, nous révélerait le néant.

Est-ce que dans le *Dasein* de l'homme, une tonalité-affective « s'historialise », telle que l'homme y soit mis en présence du néant lui-même ?

Que cela se produise est possible[6], bien que de façon assez rare et n'ayant de réalité que pour certains instants, dans cette tonalité fondamentale qu'est l'angoisse. Par cette angoisse, nous n'entendons pas l'anxiété très fréquente que comporte par essence une disposition craintive dont il n'est que trop facile de rencontrer des exemples. L'angoisse est foncièrement différente de la crainte[7]. Si nous éprouvons de la crainte, c'est toujours

1. *Wenn « es einem langweilig ist » :* forme impersonnelle et totalement indéterminée. Voir **Documents**, p. 108.

2. Confusion qui affecte tout d'égale validité, donc d'indifférence absolue – comme la nuit où, dit le proverbe, « tous les chats sont gris ». Voir **Documents**, p. 106.

3. Toute disposition rend manifeste *(offenbaren)* le monde dans un « ton » déterminé.

4. *Dasein.* Ici employé dans un sens colloquial. Voir **Glossaire** : *Dasein*, p. 133.

5. Un phénomène accidentel. Heidegger critique les diverses psychologies de l'affectivité où le « sentiment » n'est jamais qu'une adjonction après coup venant simplement colorer une subjectivité déjà constituée et isolée. Voir **Concepts clés** : tonalité, p. 65.

6. « Que cela soit possible et même réel. » Voir **Problématiques essentielles**, p. 34.

7. Différence marquée par Kierkegaard dans son *Concept de l'angoisse* (1844). Voir **Problématiques essentielles**, p. 34 ; **Documents**, p. 99.

devant tel ou tel étant déterminé, qui nous menace sous tel ou tel aspect déterminé. La « crainte devant... » quelque chose, craint toujours aussi pour quelque chose de déterminé. Parce que le propre de la crainte est que soit limité ce devant quoi et ce pour quoi elle craint, l'homme craignant et craintif se trouve enchaîné[1] par ce en quoi il se sent. Dans son effort pour se sauver devant cela, – devant tel objet déterminé –, il manque de sécurité par rapport à ce qui est autre, c'est-à-dire « perd la tête[2] » dans l'ensemble.

L'angoisse fait qu'une pareille déroute ne peut plus survenir. Tout au contraire, elle fait régner un repos caractéristique. Certes, l'angoisse est toujours angoisse devant..., mais non point devant ceci ou cela. L'angoisse « devant... » est toujours angoisse « pour... », mais non point pour ceci ou pour cela. Pourtant, l'indétermination de ce devant quoi et pour quoi nous nous angoissons n'est pas un manque pur et simple de détermination ; c'est l'impossibilité essentielle de recevoir une détermination quelconque. Elle se fait jour dans une explication bien connue.

Dans l'angoisse – disons-nous communément – « on se sent oppressé[3] ». Mais qui est ce « On » ? Qu'est-ce qui oppresse ce « On » ? Nous ne pouvons pas dire devant quoi on se sent oppressé[4]. Toutes les choses et nous-mêmes, nous nous abîmons dans une sorte d'indifférence[5]. Cela pourtant non point au sens d'une disparition pure et simple, mais dans leur recul comme tel, les choses se tournent vers nous. Ce recul de l'étant en son ensemble, qui nous obsède dans l'angoisse, est ce qui nous oppresse. Il ne reste rien comme appui[6]. Dans le glissement de l'étant, il ne reste et il ne nous survient que ce « rien[7] ».

L'angoisse révèle le néant.

Dans l'angoisse, nous « flottons en suspens ». Plus clairement dit : l'angoisse nous tient ainsi suspendus, parce qu'elle produit un glissement de l'étant en son ensemble. À cela tient que nous mêmes – nous, ces hommes que voici – nous nous sentions en même temps glisser au milieu de l'étant. C'est pourquoi, dans le fond, ce n'est ni « toi » ni « moi » que l'angoisse oppresse, mais « *on*[8] » se sent ainsi. Seul le pur *Da-sein* est encore là dans la secousse qui le laisse en suspens, et qui ne lui permet de se raccrocher à rien.

1. *Festgehalten :* tenu solidement.

2. En allemand, entre guillemets : « *kopflos* », = privé-de-tête ; *fliehen kopflos* = prendre ses jambes à son cou. Peur « panique » parce qu'elle gagne l'ensemble de la situation, mais toujours dans un contexte précis, pour des motifs précis.

3. « *ist es einem unheimlich* » : même tournure de phrase que p. 49 (note 1). Voir **Problématiques essentielles**, p. 34 ; **Documents**, pp. 102-109.

4. Phrase omise : *Im ganzen ist einem so* – soit : « dans l'ensemble, c'est ainsi qu'on est ». Le neutre (*es*, « ça », le « il » de « il pleut ») met « quelqu'un » comme « ça ».

5. *Gleichgültigkei* : égale validité, comme on dit : « ça m'est égal ».

6. *Es bleibt kein Halt* : il ne reste rien à quoi se tenir, au contraire de la peur, où l'on *est festgehalten*, maintenu fermement.

7. Entre guillemets, parce que le terme n'est pas « *nichts* » (rien ou néant), mais l'adjectif « *kein* » (aucun) qui reprend le *kein Halt* (aucun soutien) de la phrase précédente.

8. Pas l'On (*das Man*) qui règne sur le Dasein quotidien, mais « quelqu'un » en général, personne en particulier. Voir **Documents**, pp. 106 *sq.*.

L'angoisse nous coupe la parole. Parce que l'étant glisse dans son ensemble et qu'ainsi justement le néant nous accule, toute proposition qui énoncerait l'« être » (dirait le mot « est ») se tait en sa présence. S'il est vrai que dans l'oppression de l'angoisse nous cherchions souvent à combler précisément le vide du silence par un discours au hasard, ce n'est encore là qu'un témoignage *pour* la présence[1] du néant.

Que l'angoisse dévoile le néant, c'est ce que l'homme confirme lui-même lorsque l'angoisse a cédé. Avec le clairvoyant regard que porte le souvenir tout frais, nous sommes forcés de dire : ce devant quoi et pour quoi nous nous angoissions n'était « réellement[2] »... rien. En effet : le néant lui-même – comme tel – était là.

Avec la tonalité-fondamentale de l'angoisse, nous avons rencontré cet historial du *Dasein* où le néant nous est révélé, et à partir duquel nous devons pouvoir interroger sur lui.

Qu'en est-il du néant ?

LA RÉPONSE À LA QUESTION

La réponse qui, pour notre projet, est la seule tout d'abord essentielle, nous l'avons atteinte dès que nous prenons garde au fait que la question concernant le néant reste réellement posée. Ce qui maintenant s'impose, c'est de parachever la métamorphose de l'être humain en son *Da-sein*[3], métamorphose que toute angoisse fait s'accomplir (s'historialiser) avec nous, afin d'y capturer le néant qui s'y est annoncé, et de le capturer tel qu'il se dénonce. De là, une autre exigence découle, c'est de bannir expressément toutes les caractérisations du néant qui ne résulteraient pas de la rencontre où nous l'abordons réellement[4].

Le néant se dévoile dans l'angoisse, mais non point comme un étant. Il n'est pas davantage donné comme un objet. L'angoisse, ce n'est pas l'acte de concevoir le néant. Toutefois, le néant est révélé par elle et en elle, non pas, répétons-le, que le néant s'y montre à l'état séparé, « à côté » de l'étant dans son ensemble, lequel est en proie à l'oppression[5] que l'on ressent. Nous préférerions dire que dans l'angoisse, le néant se présente d'un

1. Présence au sens temporel *(Gegenwart,* le présent*)* et non comme « réalité ».

2. « *eigentlich* », entre guillemets dans le texte : à proprement parler. *Être et Temps* reprend là même expression : voir **Problématiques essentielles**, p. 34.

3. *Die Verwandlung des Menschen in sein Da-sein.* Métamorphose, parce que l'homme, transformé en *Dasein,* n'est plus seulement « humain ».

4. Dans le texte allemand, il est impossible de savoir si c'est nous qui abordons le néant (trad. Corbin) ou le néant qui nous aborde (trad. Munier). Disons donc que chacun s'aborde mutuellement – ambiguïté essentielle de toute approche ; pas de point fixe : l'homme est « transformé » en *Da-sein* par l'approche du néant, lequel de son côté n'« est » que ce mouvement même d'approche.

5. *Unheimlichkeit,* « l'inquiétante étrangeté ». Voir **Problématiques essentielles**, p. 34.

seul et même coup avec l'étant. Que signifie maintenant cette indivision, ce « seul et même coup » ?

Dans l'angoisse, l'étant dans son ensemble devient branlant *(hinfällig)*. En quel sens cela advient-il ? L'étant n'est pourtant point anéanti par l'angoisse, pour laisser ainsi de reste le néant. Comment en irait-il ainsi, alors que l'angoisse se sent précisément dans l'impuissance totale envers l'étant dans son ensemble ! En vérité, le néant se dénonce avec et dans l'étant, en tant que celui-ci nous échappe et glisse dans tout son ensemble.

Si dans l'angoisse il n'advient aucun anéantissement de l'ensemble de l'étant, nous n'effectuons pas davantage une négation de l'étant dans son ensemble, pour atteindre enfin au néant. Indépendamment du fait que l'angoisse comme telle est étrangère à l'effectuation explicite d'une formule de négation, nous arriverions même toujours trop tard en croyant d'une négation faire résulter le néant. C'est *avant* cela déjà que le néant survient. Nous disions qu'il survient « d'un seul et même coup » avec l'étant qui glisse dans tout son ensemble.

[1]Dans l'angoisse, il y a un mouvement de « recul devant... », mouvement qui sans doute n'est plus une fuite, mais un repos sous une fascination. Ce « recul-devant... » prend du néant son issue. Le néant n'attire pas à soi ; au contraire, il est essentiellement répulsion. Mais en repoussant, sa répulsion est comme telle l'expulsion qui déclenche le glissement, celle qui renvoie à l'étant qui, dans son ensemble, s'engloutit. Cette expulsion totalement répulsante, qui renvoie à l'étant en train de glisser dans tout son ensemble, c'est elle dont le néant obsède le *Dasein* dans l'angoisse, et qui est comme telle l'essence du néant : le *néantissement* (*Nichtung*). Pas plus qu'elle n'est un anéantissement de l'étant, elle ne résulte d'une négation. Le néantir ne se laisse mettre au compte ni d'un anéantissement ni d'une négation. C'est le Néant lui-même qui néantit (*das Nichts selbst nichtet*)[2].

Le néantir n'est pas un accident fortuit, mais en tant qu'expulsion par répulsion sur l'étant qui glisse dans tout son ensemble, c'est lui qui révèle cet étant dans sa parfaite *étrangeté*[3] jusqu'alors voilée, qui le révèle comme le radicalement autre[4] – en face du néant.

Dans la nuit claire du néant de l'angoisse se montre enfin la manifestation originelle de l'étant comme tel : à savoir qu'il y ait de l'étant – et non pas Rien.

1. Phrase si condensée qu'elle est pratiquement intraduisible si l'on ne rétablit pas une certaine syntaxe française ; voir **Extrait retraduit et commenté**, p. 88.

2. Sur cette quasi tautologie, voir **Problématiques essentielles**, p. 33.

3. *Befremdlichkeit* : y entendre une aliénation ; c'est le néant qui « rend étranger », non seulement l'homme à soi-même mais aussi à tout ce qu'il n'est pas, quand il est éprouvé dans l'*Unheimlichkeit*. L'étrangeté de l'étant (par rapport au néant) est éprouvée dans l'*étonnement* (philosophique) dont il sera question dans les **Documents**, p. 110.

4. Sur cet « Autre », voir **Extrait retraduit et commenté**, p. 88.

Ce « non pas Rien », que nous prenons la peine d'ajouter n'est pas une explication complémentaire, mais la condition préalable qui rend possible[1] la manifestation d'un étant en général. L'essence de ce néant qui néantit dès l'origine réside en ce qu'il met tout d'abord le *Dasein* devant l'étant comme tel.

C'est uniquement en raison de la manifestation originelle du néant que le *Dasein* de l'homme peut aller vers l'étant et pénétrer en lui. Mais pour autant que chaque *Dasein*, de par son essence, est en rapport avec l'étant, avec celui que le *Dasein* n'est pas comme avec celui qu'il est lui-même, en tant que semblable *Dasein*, il procède toujours déjà du néant révélé.

Da-sein signifie : se trouver retenu à l'intérieur du néant[2].

Se retenant à l'intérieur du néant, d'ores et déjà chaque *Dasein* émerge hors de l'étant dans son ensemble. Cette émergence hors de l'étant, nous l'appelons la transcendance. Si, dans le principe de son essence, le *Dasein* ne transcendait pas, c'est-à-dire, dirons-nous maintenant, s'il ne se retenait pas d'ores et déjà à l'intérieur du néant, jamais alors il ne pourrait soutenir un rapport avec l'étant, ni par conséquent avec lui-même.

Sans la manifestation originelle du néant, il n'y aurait ni être personnel[3], ni liberté.

Ainsi est atteinte la réponse à la question concernant le néant. Le néant n'est ni un objet, ni en général un étant. Le néant ne survient ni « pour soi », ni à côté de l'étant auquel, pour ainsi dire, il adhère. Le néant est la condition qui rend possible la révélation de l'étant comme tel pour le *Dasein*. Le néant ne forme pas simplement le concept antithétique de l'étant, mais l'essence de l'Être même comporte dès l'origine le néant[4]. C'est dans l'être de l'étant que se produit le néantir du néant.

Laissons maintenant s'exprimer une réflexion que nous avons trop longtemps différée. Si le *Dasein* ne peut soutenir de rapport avec l'étant qu'en se retenant soi-même à l'intérieur du néant, s'il peut seulement ainsi ex-sister et si le néant n'est révélé originellement que dans l'angoisse, ne faut-il pas alors que nous flottions continuellement dans cette angoisse pour pouvoir tout simplement exsister ? Or, n'avons-nous pas avoué nous-mêmes que cette angoisse primordiale est rare ? Mais avant tout, nous exsistons bien tous et nous soutenons un rapport

1. *die vorgängige Ermöglichung* : « la possibilisation préalable », ce qui rend *a priori* possible (en termes kantiens).

2. À propos de l'ennui, Heidegger utilise le terme, voisin, d'*Hingehaltenheit* : être retenu, suspendu. Le « suspens » est aussi une modalité de l'étonnement. Voir **Documents**, pp. 105-111.

3. *Selbstein* : « être-soi », « ipséité ».

4. Sur la « parenté » de l'être et du néant, voir **Problématiques essentielles**, p. 31.

avec l'étant, avec celui que nous ne sommes pas comme avec celui que nous sommes nous-mêmes – *sans* cette angoisse. Celle-ci n'est-elle pas une invention arbitraire, et le néant qui lui est attribué, une exagération ?

Pourtant, que signifient ces mots : cette angoisse primordiale ne se produit qu'en de rares instants ? Rien d'autre que ceci : le néant nous est tout d'abord et le plus souvent caché[1] dans son caractère originel. Par quoi l'est-il donc ? Par le fait que, de telle ou telle manière définie, nous nous consacrions[2] pleinement à l'étant. Plus dans nos activités nous nous attachons à l'étant, et moins nous le laissons glisser comme tel, plus nous nous détournons du néant. Mais d'autant plus sûrement aussi nous nous poussons nous-mêmes à la surface « publique[3] » du *Dasein*.

Et pourtant, cette façon continuelle, bien qu'équivoque[4], de se détourner du néant ne dépasse pas certaines limites, en vertu du sens qui lui est absolument propre. Lui – le néant dans son néantir – nous renvoie précisément à l'étant. Le néant néantit sans interruption, sans que par le savoir où nous nous mouvons dans l'ordre quotidien, nous ayons réellement connaissance de ce qui se passe ainsi.

Pour témoigner de la manifestation[5] du néant dans notre *Dasein*, de sa continuité et de sa diffusion y a-t-il témoignage plus impressionnant que la négation ? Mais la négation n'ajoute nullement d'elle-même le « ne... pas » (*das Nicht*) pour l'intercaler, en quelque sorte, comme un moyen de différenciation et d'opposition à l'égard du donné. Aussi bien, comment la négation introduirait-elle par elle-même le « ne pas », alors qu'elle ne peut nier que si préalablement lui est donné quelque chose de niable ? Mais comment quelque chose de niable et à nier pourrait être aperçu comme n'étant pas[6], sinon à la condition que toute pensée comme telle anticipe déjà du regard sur le « ne pas » ? À son tour, ce « ne pas » ne peut être révélé que si son origine, le néantir du néant en général et par là le néant lui-même, a été dégagée de l'obscurité. Le « ne pas », ce n'est pas la négation qui l'engendre, mais la négation est fondée sur le « ne pas », lequel a son origine dans le néantir du néant. La négation n'est en outre que l'un des modes du comportement qui néantit, c'est-à-dire un mode qui est fondé préalablement sur le néantir du néant.

1. Non pas caché derrière quelque chose, mais masqué, rendu méconnaissable *(verstellt)*.

2. Le terme allemand est plus fort : se perdre *(sich verlieren)*.

3. « Publique » entre guillemets parce qu'il s'agit moins de la chose publique que du lieu commun où « se trouve » jeté un *Dasein* de fait : la « déchéance » *(Verfallen)*.

4. L'« équivoque » (*Zweideutigkeit*, double sens, ambiguïté. Voir **Glossaire** : équivoque, p. 135.

5. Omission de Corbin : « Quel témoignage plus insistant de la manifestation constante et étendue, *quoique masquée*, du rien dans notre être-là, que la négation ? » (trad. Munier).

6. *Nichthaftes* : en puissance de négation, capable de nier. Voir **Concepts clés** : néant et négation, p. 64.

Par là se trouve établie dans ses grandes lignes la thèse que nous énoncions plus haut[1], à savoir que c'est le néant qui est l'origine de la négation, et non l'inverse. Si la puissance de l'entendement se voit ainsi brisée dans le champ de la question concernant le néant et l'être, c'est également le destin du règne de la « logique » à l'intérieur de la philosophie qui se trouve décidé. L'idée même de la « logique » se dissout[2] dans le tourbillon d'une interrogation plus originelle.

Si fréquents et variés puissent être les cas où la négation – exprimée ou non – s'impose à chaque pensée, il s'en faut d'autant qu'elle soit le seul témoin valide et décisif de cette révélation du néant que comporte essentiellement le *Dasein*. En effet, la négation ne peut prétendre ni à l'exclusivité, ni au rôle directeur quant au comportement néantissant dans lequel le *Dasein* reste secoué par le néantir du néant. Plus abyssales que l'adéquation pure et simple à la négation logique sont la rudesse de la transgression et la morsure de l'exécration. Plus responsables sont la douleur du refuser et la cruauté du défendre. Plus accablante, l'âpreté de la privation.

Toutes ces possibilités du comportement néantissant – forces dans lesquelles le *Dasein* supporte sa déréliction[3], sans en être toutefois maître – ne sont point des espèces de la négation pure et simple. Mais cela ne les empêche pas de s'exprimer par le ne... pas et la négation. Il est vrai que, par là, le vide et l'ampleur de la négation ne font que se trahir encore mieux.

Que le *Dasein* se trouve de part en part transi par le comportement néantissant, voilà qui atteste la manifestation, continuelle bien qu'obscurcie, du néant que l'angoisse seule dévoile en son mode originel. Et là réside le fait que cette angoisse originelle soit le plus souvent réprimée[4] dans le *Dasein*. L'angoisse est là. Elle sommeille seulement. Son souffle vibre continuellement à travers le *Dasein* : au minimum, à travers celui de l'« anxieux », et imperceptible pour les « oui, oui » et les « non, non » de l'affairé ; bien plutôt, à travers le secret d'un *Dasein* replié en soi-même[5], avec le plus de persistance, à travers le *Dasein* dont le fond est audace[6]. Mais celle-ci ne prend naissance que de ce pour quoi elle se prodigue, afin de sauver l'ultime grandeur du *Dasein*.

L'angoisse de l'audacieux ne souffre pas qu'on l'oppose à la joie, ni même à la jouissance facile d'une

1. Dans la deuxième partie de la conférence (p. 46).

2. Il ne s'agit pas de « détruire » la logique, mais de revenir à son *fondement* encore non pensé, c'est-à-dire de revenir penser *(nachdenken)* « l'essence originelle du *logos* ». Voir **Problématiques essentielles**, p. 31 ; **Questions fondamentales** : Histoire du néant, p. 81.

3. Voir **Glossaire** : déréliction, p. 134.

4. Refoulée. Elle n'est pas supprimée, mais maintenue à l'état latent, exactement comme une pulsion de l'inconscient.

5. Traduction très interprétative. Heidegger se contente d'un seul mot : *verhaltene*, qui renvoie à *Verhalten*, le « comportement » de celui qui a de la tenue, sait se tenir et se maintenir, qui a une *contenance*.

6. Là aussi, Corbin interprète. Littéralement, Heidegger écrit : le *Dasein* au fond audacieux, ce qui peut vouloir dire : celui dont le fond est audace, et « celui qui se risque quant au fond » (trad. Munier).

activité paisible. En delà de telles antinomies, elle entretient une secrète alliance avec la sérénité[1] et la douceur du désir créant et agissant.

L'angoisse originelle peut à tout instant se lever dans le *Dasein*. Point n'est besoin qu'un événement insolite lui donne l'éveil. Aussi profonde est l'assise de son règne, aussi futile peut être le motif qui l'occasionne. Continuellement prête à un nouveau bond, ce n'est que rarement qu'elle vient à bondir pour nous écarteler en suspens.

Le *Dasein* se trouvant retenu dans le néant par la cause de l'angoisse cachée, l'homme devient la sentinelle du néant[2]. Notre finitude est telle que précisément ce n'est ni par notre décret, ni par notre propre vouloir que nous pouvons nous mettre en la présence originelle du néant. Le *finitif*[3] de cette finitude creuse et ouvre un tel abîme dans le *Dasein* que la finitude la plus profonde, celle qui nous est absolument propre, se refuse à notre liberté. Être retenu dans le néant par la cause de l'angoisse cachée, c'est pour le Dasein passer au-delà de l'étant dans son ensemble ; c'est la transcendance.

Notre interrogation sur le néant doit nous présenter la métaphysique elle-même. Le nom de « métaphysique » provient du grec *ta meta ta phusika*[4]. Ce titre curieux fut interprété plus tard comme désignant l'interrogation qui dépasse l'étant comme tel *(meta, trans,* « après », « au-dessus »).

La métaphysique, c'est l'interrogation qui dépasse l'étant sur lequel elle questionne, afin de le recouvrer comme tel et dans son ensemble pour en actuer le concept[5].

Lorsque l'on interroge sur le néant, on dépasse en ce sens l'étant en tant qu'étant pris dans son ensemble. Cette question s'atteste ainsi comme une question « métaphysique ». Nous avons donné en commençant une double caractéristique des questions de ce genre. D'une part, chaque question métaphysique embrasse respectivement l'ensemble de la métaphysique. Par ailleurs, en chaque question métaphysique, chaque *Dasein* qui questionne se trouve respectivement compris et pris dans la question.

Dans quelle mesure la question du néant traverse-t-elle et enserre-t-elle l'ensemble de la métaphysique ?

1. Voir **Glossaire** : sérénité, p. 140.

2. *Platzhalter des Nichts* : Munier traduit par « le lieu-tenant du rien ». Lieutenant est celui qui tient, garde (*hält*) la place. Mais c'est aussi celui qui tient lieu, au lieu de... et, ici, de rien, puisque l'être n'est rien – que l'instance qui commande de tenir le lieu ouvert, d'être le Là. Voir **Concepts clés** : *Dasein,* p. 62 ; **Questions fondamentales** : La transcendance, p. 75.

3. *Die Verendlichung* : mot inventé par Heidegger, à partir du verbe *verenden,* mourir.

4. « Les (traités) après les (traités) physiques ». Nom donné par les éditeurs alexandrins aux écrits d'Aristote qui venaient après la *Physique.* Voir **Questions fondamentales** : « Métaphysique », p. 69.

5. *für das Begreifen* : « pour le conceptualiser ».

Sur le néant, la métaphysique s'exprime depuis le lointain des âges en une thèse, il est vrai, équivoque : *ex nihilo nihil fit* : « Du rien, rien ne se fait ». Bien que dans la discussion de cette thèse, jamais le néant ne devienne lui-même vraiment le problème, elle notifie pourtant par cette attention prêtée chaque fois au néant, quelle conception de l'étant la fonde et la dirige.

La métaphysique antique conçoit le néant sous l'espèce du non-étant, c'est-à-dire de la matière privée de forme qui ne peut par elle-même s'informer en un étant pourvu d'une forme et présentant par conséquent un *eidos*, une idée, « ce que l'on voit[1] ». L'étant, c'est la forme se formant elle-même, et qui se présente comme tel dans la forme (dans « ce que l'on voit »). L'origine, la légitimité et les limites de cette conception de l'être ne sont pas davantage discutées que le néant lui-même.

La dogmatique[2] chrétienne, par contre, nie la vérité de la thèse *ex nihilo nihil fit* : elle transforme la signification du néant en l'entendant comme l'absence radicale de l'étant extra-divin : *ex nihilo fit... ens creatum*[3]. Le néant devient alors la notion antithétique de l'Étant véritable, du *summum ens*[4], de Dieu comme *Ens increatum*[5]. Ici aussi, l'interprétation du néant annonce quelle est la conception fondamentale de l'étant. Mais la discussion métaphysique de l'étant se maintient sur le même plan que la discussion du néant. Les questions de l'être et du néant comme tels ne sont posées ni l'une ni l'autre. C'est pourquoi on ne soupçonne pas même cette difficulté que, si Dieu crée du néant, il faut précisément qu'il puisse soutenir un rapport *avec* le néant. Or, si Dieu est Dieu, il ne peut pas connaître le néant, s'il est vrai que l'« Absolu » exclut de soi tout manque d'être[6].

Cette évocation historique sommaire nous montre le néant comme notion antithétique de l'étant véritable, c'est-à-dire comme sa négation. Mais le néant nous devient-il, par une voie ou l'autre, un problème, alors ce n'est pas seulement une définition plus claire que reçoit ce rapport antithétique ; c'est le premier éveil de l'interrogation métaphysique authentique sur l'être de l'étant. Le néant ne reste pas l'opposé indéterminé à l'égard de l'étant, mais il se dévoile comme composant l'être de cet étant.

« L'être pur et le néant pur sont donc identiques. » Cette thèse de Hegel[7] reste vraie. Être et néant se

1. Voir **Glossaire** : *eidos*, p. 134.

2. Heidegger ne dit pas : « la philosophie chrétienne » – le terme étant, à son avis, un abus ; voir **Biographie**, pp. 3 *sq.*.

3. « Du néant se fait l'étant créé ». La *création* n'est pas une notion grecque, mais la traduction gréco-romaine de la *Genèse*. Voir **Questions fondamentales** : « Métaphysique », p. 69.

4. « *Être Suprême* ».

5. « *Être incréé* ».

6. Selon saint Thomas, Dieu est « l'acte pur d'être ».

7. *Science de la Logique*, livre I, p. 78. (Note de Heidegger.)

composent réciproquement, non point parce que tous deux – envisagés par le concept hegélien de la Pensée – concordent dans leur indétermination et leur immédiateté[1], mais parce que l'être lui-même est fini dans son essence et ne se révèle que dans la transcendance du *Dasein* qui, dans le néant, émerge hors de l'étant.

S'il est vrai que l'interrogation sur l'être en tant qu'être est la question compréhensive de la métaphysique, la question du néant s'avère d'une nature telle qu'elle circonscrit l'ensemble de la métaphysique. En même temps, la question du néant traverse tout l'ensemble de la métaphysique, pour autant qu'elle nous contraint au problème de l'origine de la négation, c'est-à-dire pour autant qu'elle nous amène, au fond, à décider de la souveraineté légitime de la « logique » en métaphysique.

La thèse ancienne *ex nihilo nihil fit* [2] prend alors un autre sens, un sens qui concerne le problème de l'être lui-même, et elle est à énoncer ainsi : *ex nihilo omne ens qua ens fit*[3]. C'est dans le néant du *Dasein* que l'étant dans son ensemble arrive seulement à lui-même, suivant la possibilité qui lui est absolument propre, c'est-à-dire selon un mode fini. Comment alors la question du néant, si elle est une question métaphysique, entraîne-t-elle en elle notre *Dasein* qui questionne ? Nous avons caractérisé notre *Dasein* comme essentiellement déterminé par la connaissance scientifique. Si notre *Dasein* ainsi défini se trouve compris dans l'interrogation sur le néant, c'est que de toute nécessité une telle interrogation aboutit à mettre en question le *Dasein*.

Le *Dasein* scientifique tient sa simplicité et sa netteté tranchante du fait que, d'une façon privilégiée, il se rapporte à l'étant lui-même, et uniquement à lui. Le néant, la science voudrait bien le reléguer d'un geste supérieur. Mais désormais il nous devient manifeste par notre interrogation sur le néant que ce *Dasein* scientifique n'est possible que si, d'ores et déjà, il se retient à l'intérieur du néant. Il ne se comprend dans ce qu'il est que s'il *ne* relègue *pas* le néant. Le sang-froid et la supériorité que l'on attribue à la science ne sont plus qu'une plaisanterie, si elle ne prend pas au sérieux le néant. C'est uniquement parce que le néant est révélé que la science peut faire de l'étant lui-même l'objet de la recherche. Et c'est à l'unique condition que la science *ex*-siste *de* la métaphy-

1. « Pour Hegel, "être" signifie d'abord, mais jamais *exclusivement,* l'"immédiateté indéterminée". L'être est ici considéré du point de vue de la médiation déterminante, c'est-à-dire à partir du Concept absolu, donc avec visée sur celui-ci » (*QU.I.*, p. 278). Voir **Questions fondamentales** : Histoire du néant, p. 81.

2. « Du rien, rien ne se fait. »

3. « Du néant se fait tout étant en tant qu'étant » ; cette formule ne se trouve nulle part dans la tradition. Néanmoins, *ens qua ens* est la traduction de la formule d'Aristote : l'étant *par où* il est.

sique, qu'elle peut reprendre sans cesse sa tâche essentielle, qui ne consiste pas à collectionner et à classer des connaissances, mais à ouvrir, par une révélation toujours renouvelée, l'espace total de la vérité de la nature et de l'Histoire.

C'est uniquement parce que le néant nous est révélé dans le fond du *Dasein* que la complète étrangeté de l'étant peut nous assaillir. C'est uniquement à la condition que son étrangeté nous oppresse, que l'étant éveille et attire sur soi l'étonnement. C'est uniquement en raison de l'étonnement – c'est-à-dire de la manifestation du néant – que surgit le « pourquoi ». C'est uniquement parce que le pourquoi est possible comme tel, que nous pouvons d'une façon déterminée questionner sur des raisons et fonder par des raisons[1]. C'est uniquement parce que nous pouvons questionner et fonder, qu'est confié à notre existance le destin du chercheur.

La question sur le néant nous met nous-mêmes en question, nous qui questionnons. C'est une question métaphysique.

Le *Dasein* ne peut soutenir de rapport avec l'étant que s'il se maintient à l'intérieur du néant. Le dépassement de l'étant s'historialise dans l'essence du *Dasein*. Mais ce dépassement, c'est la métaphysique elle-même. Ce qui implique que la métaphysique compose[2] la « nature de l'homme ». Elle n'est ni la spécialité d'une philosophie d'école, ni un champ clos pour extravagances fantaisistes – elle est l'historial qui, fondement du *Dasein*, s'historialise comme *Dasein*[3].

La vérité de la métaphysique résidant en ce fond abyssal *(abgründiger Grund)*, elle a pour voisinage immédiat la possibilité qui la guette sans cesse, de l'erreur la plus profonde. C'est pourquoi la rigueur d'aucune science n'égale le sérieux de la métaphysique. Et jamais la philosophie ne peut être mesurée à la mesure de l'idée de la science.

Si, telle que nous venons de la dérouler, nous avons réellement questionné du même coup la question du néant, alors ce n'est pas de l'extérieur que nous nous sommes présenté la métaphysique. Nous n'avons pas fait non plus que de nous « transposer » en elle. Aussi bien ne pourrions-nous même pas nous transposer en elle, car du fait que nous exsistons, nous sommes d'ores et déjà toujours en elle : *phusei gar, ô philé, enesti tis philosophia tè tou*

1. Double sens du mot *Grund* : raison [d'être] et fondement.

2. La Métaphysique appartient à *(gehört zu)* la « nature de l'homme » ; il y a des guillemets dans le texte original, « nature » étant à entendre comme « essence ».

3. Deux phrases que Corbin condense en une seule : *Die Metaphysik ist das Grundgeschehen im Dasein* (« la Métaphysique est l'avoir-lieu – [l'historial] – fondamental dans le *Dasein* – »). *Sie ist das Dasein selbst.* (« Elle est le *Dasein* même. ») Voir **Glossaire** : historial, p. 137.
Dans son livre sur Kant, Heidegger écrit : « La métaphysique du *Dasein* n'est pas seulement la métaphysique qui traite du *Dasein*, elle est aussi la métaphysique qui se réalise nécessairement comme *Dasein*. » (p. 288).

andros dianoia[1] (Platon, *Phèdre,* 279 *a*). Du fait que l'homme existe, le « philosopher » existe.

La philosophie – ce que nous appelons ainsi – n'est que la mise en marche de la métaphysique, par laquelle elle accède à soi-même et à ses tâches explicites. Et la philosophie ne se met en marche que par une insertion[2] spécifique de mon existence propre dans les possibilités fondamentales du *Dasein* en son ensemble. Pour cette insertion, voici qui est décisif : *d'abord,* donner accès à l'étant dans son ensemble ; *ensuite,* lâcher prise soi-même dans le néant, c'est-à-dire s'affranchir des idoles que chacun possède et près desquelles chacun cherche ordinairement à se dérober ; *enfin,* laisser cours aux oscillations de cet état de suspens, afin qu'elles nous ramènent sans cesse à la question fondamentale de la métaphysique, celle qui extorque le néant lui-même :

Pourquoi, somme toute, y a-t-il de l'étant plutôt que Rien[3] ?

1. « C'est par nature en effet, mon cher, que quelque philosophie est présente dans la pensée de l'homme ». La « traduction » de Heidegger se révèle interprétation du mot « par nature » *(phusei)* : la *physis* de l'homme est *existieren,* « exister » ; mais l'ek-sistence est transcendance, métaphysique.

2. *Einsprung* : un *saut (sprung)* à l'intérieur *(ein-)*.... des « possibilités fondamentales du *Dasein* en entier ».

3. Cette question est celle qui ouvre l'*Introduction à la Métaphysique,* sous le titre : « La question fondamentale de la métaphysique ». Voir **Concepts clés** : étant, p. 63 ; **Questions fondamentales** : Questionner (*Fragen*), p. 66 ; **Documents**, pp. 112 *sq.*

Dossier

Concepts clés

Dasein

Avant même d'être un « homme » (ou une femme, car le terme *Dasein* est intentionnellement *neutre*), on est un *Dasein.*

Qu'est-ce que le *Dasein* ? Négativement, on doit répondre d'abord : le *Dasein* n'est pas un quelque-chose, un « quid ». La définition stricte de l'« essence » du *Dasein* se trouve formulée au début du premier chapitre d'*Être et Temps* (p. 42) : « L'"essence" du Dasein réside dans son exist*a*nce. » Néanmoins Heidegger ne reprend pas la distinction classique entre l'essence (le « ce que c'est », la *quidditas*) et l'existence. En effet, « suivant la tradition ontologique », tradition dont Heidegger entend mener la destruction, « *existentia* équivaut à *Vorhandenheit* » (voir **Glossaire** : réel/subsistant, p. 139), c'est-à-dire à la présence d'une chose subsistante. Le *Dasein* n'est *pas* une substance (ni, *par conséquent*, un sujet), substance qui aurait des qualités ou propriétés. Il est « ainsi », tel ou tel, mais ces modes d'être *sont* son être, qui ne reste jamais inaffecté, comme un noyau dur auquel serait attribué, après coup, tel ou tel caractère distinctif. Les *existentiaux* (voir **Glossaire** : existential, p. 136) qui le constituent ne sont donc en rien des propriétés.

Qui est le *Dasein* ? Ici il faut prendre garde, et ne pas répondre trop hâtivement : moi. Certes, et c'est là le second trait du *Dasein* après son « essence », le *Dasein* est toujours « à » moi, il est *mien.* Cela ne veut pas dire que j'existe *d'abord,* comme une substance intemporelle, et qu'à cet *ego* peut ou non advenir le *Dasein,* que je peux ou non avoir, par surcroît, l'existence, mais au contraire que c'est celle-ci qui me détermine comme celui ou celle que j'ai *à être* : si le *Dasein* est à moi, c'est pour autant que je suis à lui, c'est-à-dire que j'ai à l'être. De ce fait, nous ne pouvons appartenir totalement à aucune *chose,* pas même à nous-mêmes – précisément parce que nous ne sommes rien (d'une chose), mais les « lieu-tenants » de l'exist*a*nce. Celle-ci nous est remise comme un « fardeau » : ce **souci** (*Sorge*), le *Dasein* ne l'« a » pas, comme on a des préoccupations ou des besoins (se nourrir, se vêtir), mais il *est* ce souci même.

À la différence de la chose simplement subsistante, par exemple un caillou, ou même de l'animal, exister n'est jamais indifférent pour le *Dasein.* Au contraire, *il y va toujours de son être propre.* « Le *Dasein est* chaque fois sa possibilité et ne l'"a" pas seulement à la façon dont on a simplement en sa possession un étant subsistant. » De ce fait, il peut ou se trouver ou se perdre, c'est-à-dire ne jamais se trouver ou ne se trouver que pour le « semblant ». Ces deux possibilités sont désignées terminologiquement comme « authenticité » (*Eigentlichkeit*) ou « inauthenticité », encore que la traduction masque la présence du « propre » (*eigen*).

étant

La forme grammaticale est un participe : « étant », comme « fleurissant », « étudiant », « brillant », participe à la fois du nom (l'étant : ce qui est ; l'étudiant : celui qui étudie) et du verbe (étant : en train d'être ; étudiant : en train d'étudier). Mais « l'essentiel n'est pas qu'il y ait deux significations au lieu de trois ou quatre ; l'essentiel est que ces deux significations renvoient l'une à l'autre » (*Qu'appelle-t-on penser ?*, p. 203). La classification de la grammaire peut bien être correcte, ce n'est pas elle qui fixe le sens philosophique du terme. « Ainsi par exemple la distinction qui nous est familière entre le substantif et le verbe ne vient pas de la grammaire. Elle vient, pour la première fois, dans un des dialogues les plus profonds que Platon nous ait laissés – dans le *Sophiste* – consciencieusement et péniblement au jour » (*ibid.*, p. 205).

« Participe » est la traduction du grec *métochè*, lequel « désigne la participation de ce qui est chaque fois étant – par exemple, une table – à ce dont il tire son visage et son aspect, en grec *eidos* (voir **Glossaire** : *eidos*, p. 134) ou *idea* », soit l'être de l'étant. La philosophie comme *onto-logie* répond à la question pour la première fois formulée explicitement par Aristote : *ti to on* – « Qu'est-ce que l'étant ? » L'ontologie va ainsi de l'étant vers son être qui n'est pas lui-même *un* étant, mais ce qui constitue, pour chaque étant, son « étance » (*Seiendheit*), si l'on peut traduire ainsi le grec *ousia* (couramment rendu par le latin *essentia*, « essence »).

L'étant signifie donc : tout ce qui est, tout ce qui « participe » à l'être d'une manière ou d'une autre, mais envisagé en tant qu'il est. Selon cette signification, il faut à nouveau distinguer un double sens de « l'étant ».

- L'étant *comme tel* : la question directrice de la philosophie, ou question de l'être de l'étant, et qui reçoit dans l'histoire autant de réponses qu'il y a de philosophes (par exemple, Platon nomme cette « étance » l'*eidos*, Aristote l'*energeia*). « Suivant sa question directrice, la pensée franchit chaque fois l'étant, elle le transcende dans la direction de son être, non pour laisser l'étant derrière elle en l'abandonnant, mais pour représenter l'étant grâce à ce franchissement, grâce à la transcendance, dans ce qu'il est *en tant que* l'étant » (*ibid.*, p. 206).
- L'étant *en totalité* ou *dans son ensemble* : celui-ci ne peut être connu, mais seulement révélé dans une tonalité-fondamentale du *Dasein*. C'est la question *fondamentale* de la métaphysique, parce qu'elle demande le fondement qui tient et soutient l'ensemble de ce qui est, ce qui le fait être, sa raison d'être (et non pas rien).

néant et négation

1. Le néant n'est pas un concept. En dehors du fait que la pensée de Heidegger n'est pas à proprement parler conceptuelle comme l'est celle de Hegel, on ne doit pas confondre le néant qui nous est révélé dans l'angoisse avec le concept traditionnel de néant dans la métaphysique. Ce concept ne pense le néant que comme le non-étant (*ne-ens*). Mais de ce fait :

- 1. le néant est un produit de la négation ;
- 2. c'est un concept contradictoire, autodestructeur puisqu'il « est » ce qui n'est pas.

2. Le néant ne peut être conçu ni connu, mais il se dévoile ou se révèle. Il ne relève pas de l'énoncé ni donc de la « logique », mais uniquement de la tonalité affective (l'angoisse).

3. Loin d'être une négation ou un anéantissement de l'étant, le néant se présente « d'un seul et même coup », ne faisant qu'un avec l'étant qui, de ce fait, n'est pas tant détruit que rendu « caduc » : plus rien ne tient.

4. Le néant néantit : il révèle l'étant *comme tel*, dans le pur fait qu'il soit – et non pas rien. C'est donc en n'étant *pas* néant que l'étant s'affirme comme étant, et non à l'inverse en niant l'étant que le néant se pose. De fait, le néant n'est ni ne se pose, on devrait plutôt dire qu'il *dé-pose, au double sens* de ce verbe : il destitue l'étant tout en *témoignant* de son *être*. Cette dé-position porte le *Dasein* au-devant de son être : il ek-siste hors de l'étant en in-sistant dans le néant. Ce double mouvement donne la définition de la transcendance. Se tenir dans le néant n'est pourtant résider dans *rien* : le *Dasein est donc constamment renvoyé à l'étant*, et cette a-version du néant définit la « déchéance » quotidienne du *Dasein*.

Pour systématiser : l'ordre *ontologique* doit se lire ainsi, selon un retour au fondement :

- 1. le néant (*Nichts*) dont l'« essence » est de néantir (*nichten*) ;
- 2. le néantir produit le « ne... pas » (*nicht*) ;
- 3. le « ne... pas » (*nicht*) produit la négation (*Verneinung*).

En effet, la négation (acte de *dire non*, « *nein* », *Verneinung*) ne peut nier (*verneinen*) que si du niable (*Verneinbares*) lui est donné, et celui-ci à son tour n'est possible que si du « ne... pas » est en puissance d'opérer (le *Nichhaftes*) ; et enfin le « ne... pas » ne peut s'exercer que s'il y a néantir et néant (*nichten* et *Nichts*).

tonalité (*Stimmung*)

Au même titre que le comprendre, la tonalité constitue une structure existentiale du *Dasein*. Or le *Dasein* n'est pas d'abord un *ego* isolé du monde, mais il est être-dans-le-monde : dès le départ, et sans qu'il puisse s'y soustraire, jeté *dans* le monde, exposé *à* ce qu'il y a, les autres, les choses, – l'étant, qui l'affecte, le dispose de telle ou telle manière. Ces affects ne sont en rien des états d'âme, témoins d'une vie « intérieure » car, en un sens, il n'y a pas pour le *Dasein* de dedans, il est toujours déjà dehors, ex-posé au monde de telle sorte que c'est le monde lui-même qui se dévoile disposé ainsi : joyeux, ennuyeux, indifférent, ennuyeux, inquiétant, etc.

La tonalité manifeste le « là » de l'existence : non pas seulement là où j'en suis, au sens d'un indicateur barométrique de mes humeurs, mais *comment on se trouve*, comment c'est. Le là est aussi bien ce qui donne le la, le diapason de l'être-là comme *Da-sein*. Il y a un accord (fût-ce sous la forme d'une discordance) qui n'est en rien un compromis, mais une donnée de base, qui atteste de la *facticité* de toute exist*a*nce finie.

On ne peut et ne doit pas réduire la tonalité à un sentiment subjectif. Toute la pensée de Heidegger est vouée à dépasser l'opposition stérile du sujet et de l'objet (et en général toutes les dichotomies qui s'ensuivent : réalisme/idéalisme, matière/esprit, etc.). Heidegger cherchera à réhabiliter les affects dans la philosophie, mais en les comprenant autrement que selon la division intérieur/extérieur (c'est-à-dire selon un modèle *spatial* : or c'est la *temporalité* que manifeste chaque existential).

« La tonalité ne se rapporte pas d'abord à un état d'âme et elle n'est en rien un état intérieur qui se projetterait ensuite mystérieusement au-dehors pour colorer les personnes et les choses » (*Être et Temps,* p. 137). Je ne projette pas un sentiment sur le monde, pas plus que les choses ne déterminent en moi, par on ne sait quel moyen, tel ou tel état d'âme. C'est parce qu'une chose matérielle n'est pas du même genre d'être que le *Dasein* humain, que les affects ne sont pas des accidents n'affectant pas l'essentiel (la « raison » pure qui resterait inaffectée temporellement). Un affect, c'est ce qui [m']arrive, mais de telle sorte que cela transforme tout du tout au tout, parce qu'il n'y a *pas* de base, de support intemporel. Étant fini, dé-terminé par son être-à-la-mort, le *Dasein* n'*a* pas des affects, comme des gants que l'on pourrait mettre ou enlever à loisir, il *est* ce qui lui arrive. En conséquence, il n'y a aucune position extérieure d'où l'on puisse observer, ce que Descartes nommait « les passions de l'âme ». On ne peut les étudier qu'au prix d'une déformation ontologique radicale. C'est l'erreur de base que Heidegger, à la suite de Husserl, dénonce dans le psychologisme ; mais il va plus loin que lui, en refusant de partir de l'*ego*, même transcendantal et pur.

Questions fondamentales

Questionner (*Fragen*)

« Qu'est-ce que la métaphysique ? » Formellement, cet énoncé est une question. C'est aussi le titre de notre conférence, titre qui se trouve immédiatement répété comme première phrase. On remarquera aussi que le texte se termine par une question, la « question fondamentale » (*die Grundfrage*) de la métaphysique : « Pourquoi y a-t-il en général de l'étant et pas plutôt rien ? » Cette question est d'un autre type. La question « pourquoi ? » demande après une raison ou un fondement (le mot allemand *Grund* a ce double sens). La question « qu'est-ce que ? » demande après la « nature » ou l'essence de quelque chose. Ces deux questions, Heidegger les appelle, respectivement, la « question fondamentale » et la « question directrice » de la métaphysique : fondamentale, elle vise le fondement de l'étant dans sa totalité ; directrice, elle vise l'étant lui-même *comme tel*. Plus tard, Heidegger systématisera cette duplicité sous le nom de « constitution onto-théologique » de la métaphysique.

Cependant, ces questions portent toutes deux sur l'*étant*. C'est lui et lui seul qui est *interrogé*. Or la question « Qu'est-ce que la métaphysique ? » n'interroge pas l'étant, mais la « métaphysique ». Elle pose une question « métaphysique » à cela même qu'elle interroge, la métaphysique. On doit alors se demander s'il n'y a pas là une circularité dangereuse. C'est probablement en ayant pleine conscience de ce problème que Heidegger, aussitôt après avoir *énoncé* la question, *renonce* à lui donner une réponse. Sa stratégie – d'évitement – est commandée par l'impossibilité de tout discours *sur* (*über* : au-dessus de, au sujet de) la métaphysique. En effet, semblable discours ne pourrait être qu'un autre « Discours de métaphysique » (titre d'un opuscule de Leibniz), ou bien, dans le meilleur des cas, une « métaphysique de la métaphysique », pour reprendre une expression de Kant.

Qu'il n'y ait pas de position extérieure ou supérieure à la métaphysique, d'où l'on puisse l'observer pour en discerner l'essence, cela se vérifie déjà dans la nature circulaire du questionnement sur l'être. Dans l'Introduction d'*Être et Temps*, qui porte le titre « L'exposition de la question du sens de l'être », Heidegger citait cette pensée de Pascal : « On ne peut entreprendre de définir l'être sans tomber dans cette absurdité : car on ne peut définir un mot sans commencer par celui-ci, *c'est*, soit qu'on l'exprime ou qu'on le sous-entende. Donc pour définir l'être, il faudrait dire *c'est*, et ainsi employer le mot défini dans sa définition. » Mais Heidegger poursuivait ainsi – par une *question* sur le *problème* : « Mais suit-il de là que l'"être" ne puisse plus poser de problème ? Nullement. Tout ce qu'il est permis d'en conclure, c'est ceci : l'"être" n'est pas quelque chose comme de l'étant » (p. 4). De la même façon, la Métaphysique constitue bel et bien un *problème*, en ce que, si l'on ne peut demander ce qu'elle est de la même manière que l'on s'enquiert de savoir ce qu'est telle ou telle « chose » (étant), on peut et doit même demander son « sens ».

Mais l'essentiel est de voir à quel point la question *détermine* déjà ce qui est en jeu, à quel point elle implique *celui qui questionne*. Dans le § 2, « La structure formelle de la question de l'être », Heidegger déploie les trois constituants de tout questionnement :

- ce qui est questionné (*Gefragtes*) : par exemple, la physique nucléaire ou la métaphysique ;
- ce que l'on *interroge* (*Befragtes*) pour obtenir la réponse : le chercheur ou le philosophe, ou bien tel texte ;
- ce qui est demandé (*Erfragtes*) : par exemple « ce que c'est » que l'atome ou la métaphysique.

Il est clair que la réponse dépend du choix de *ce qui est interrogé* : mettons que je sois perdu dans une ville étrangère, je n'irai pas interroger un étranger – un touriste japonais – pour trouver mon chemin. Je demanderai à un autochtone, soit à quelqu'un qui peut me dire ce que je *demande*. Dans le cas du « sens de l'être », quel étant *exemplaire* devra être interrogé ? Comme le disait déjà avec humour Socrate, quoi qu'il en soit de la beauté de la nature, ce n'est pas en m'entretenant avec un arbre que je tirerai le moindre savoir, c'est uniquement en conversant avec des *hommes*, et même davantage avec ceux qui ont le sens de la parole (du *logos*), les habitants de la ville plus que les bergers solitaires. De la même façon, les seuls êtres à qui je puisse poser la question du « sens de l'être » sont ceux-là mêmes qui *se* posent cette question, ou qui *peuvent* se la poser. Il faut avoir déjà le sens de la question pour poser la question du sens.

Heidegger refuse de considérer ce privilège du « questionnant » comme un cercle. Il y a bien, concède-t-il, un *présupposé*, « autrement, aucune connaissance ontologique n'aurait jamais pu se constituer, et l'on ne saurait en nier l'existence de fait ». Mais cette présupposition a le caractère d'une anticipation du regard, d'une « prise de vue préalable » inhérente à *toute* compréhension du sens : tout sens est un *pré-sens*. La structure formelle de toute question exige que l'on comprenne à l'avance son sens, ou plus exactement que le sens de ce qui est demandé « fasse » sens. Si je demande mon chemin, je présuppose à l'avance, et cela sans préjuger en rien de la réponse, que c'est une question qui a du sens. Bien entendu, lorsqu'il s'agit de la question du sens lui-même, du sens du sens pour ainsi dire (car l'être « est » son propre sens), la question prend un tour de plus, et le rapport du questionnant au questionné reconduit, par sa réciprocité quasi réflexive, l'*humanisme* ou plus exactement l'anthropocentrisme de toute la philosophie occidentale depuis les Grecs. Heidegger ne se demande pas un instant pourquoi l'homme (même s'il est appelé autrement, c'est bien lui que désigne cette terminologie *Dasein*), l'homme et lui seul, « nous » et pas tel autre vivant – un animal ou même une fleur – devrait nous livrer le sens de l'être. C'est aussi pourquoi il reconduit le privilège de l'être humain comme étant le seul à philosopher, et aussi pourquoi, au fond, toute métaphysique est *de l'homme*. Le privilège du questionnant n'est donc que celui de l'être humain *comme* philosophe.

« Ce privilège de la question, peut-on le remettre en question ? Questionner le questionner ?

Or qui sommes-nous ? Ici, ne l'oublions pas, nous sommes d'abord et seulement déterminés depuis l'ouverture à la *question de l'être*. Même si l'être doit nous être donné pour cela, nous sommes à ce point et ne savons de "nous" que cela, le pouvoir ou plutôt la possibilité de questionner, l'expérience du questionnement.

[...] Or précisément cet étant que nous sommes, ce "nous" qui, au début de l'analytique existentiale, ne doit avoir d'autre nom que *Da-sein*, il n'est choisi comme étant exemplaire pour la question de l'être que depuis l'*expérience de la question*, la possibilité du *Fragen*, telle qu'elle s'inscrit dans le réseau du *Gefragte*, l'être, de l'*Erfragte*, le sens de l'être, du *Befragte der Seinsfrage*, à savoir de l'étant que nous sommes et qui devient ainsi l'étant exemplaire ou privilégié pour une *lecture* – c'est le mot de Heidegger – du sens de l'être. Le point de départ dans l'analytique existentiale se légitime d'abord et seulement depuis la possibilité, l'expérience, la structure et les modifications réglées du *Fragen*. Telle est l'exemplarité de l'étant que *nous* sommes, du *nous-mêmes* dans cette situation discursive du *Mitsein* où nous pouvons, à nous-mêmes et à d'autres, dire *nous*. Cette exemplarité peut devenir ou rester problématique. Mais cela ne doit pas dissimuler une problématicité encore plus inapparente et qui n'est peut-être même plus, précisément, une *problématicité*. Elle ne pourrait même pas se déterminer en question ou en problème. Car elle tient à ce point de départ dans une réflexion de la question (il vaut mieux dire du *Fragen*) et de ses composantes structurelles. Comment, sans la confirmer *a priori* et circulairement, *questionner* cette inscription dans la structure du *Fragen* dont le *Dasein* aura reçu, en même temps que son privilège (*Vorrang*), sa première, minimale et plus sûre détermination ? À supposer même que cette structure soit convenablement décrite par Heidegger [...], toute inquiétude quant à la légitimité ou à la nécessité axiomatique d'un tel point de départ dans une réflexion sur le pouvoir-questionner ne laisserait intacts ni le principe, ni l'ordre, ni finalement l'intérêt de l'analytique existentiale : en trois mots de *Sein und Zeit*. On retournerait alors contre lui ce que dit Heidegger lui-même : si provisoire que soit l'analyse, toujours et déjà elle exige l'assurance d'un point de départ juste. »

Jacques Derrida, *De l'esprit. Heidegger et la question*,
Galilée, 1987, pp. 36-37

« La métaphysique »

1. La singularité de la métaphysique

L'étrange de la conférence *Qu'est-ce que la métaphysique ?* c'est qu'elle parle peu de la métaphysique, et même se refuse à en parler. Relisons le début :

« C'est nous qui interrogeons, ici et maintenant, pour nous. Notre existence, dans notre communauté de chercheurs, de professeurs et d'étudiants, est déterminée par le savoir. Qu'arrive-t-il d'essentiel, au fond de notre *Dasein*, pour autant que le savoir est devenu notre passion ? »

« Nous ». Nous, hommes déterminés par le savoir, la science. Pourquoi Heidegger, philosophe, s'adresse-t-il à des scientifiques ?

Une première explication vient à l'esprit, encore extérieure. Rappelons les circonstances de la conférence. Heidegger a été nommé, l'année précédant la publication (1928), professeur titulaire à l'université de Fribourg. Le 24 juillet 1929, il prononce donc sa « leçon inaugurale » dans le cadre solennel de l'*Aula* de l'université. À cette occasion, il est d'usage de parler devant et pour *toutes* les facultés réunies. C'est pourquoi, précisera Heidegger en 1955, « la conférence se place dans le cercle de toutes les sciences et s'adresse à elles » (*Questions I*, p. 242).

Mais cette explication reste extérieure. Il s'agit plutôt de déterminer la singularité propre de la métaphysique par rapport aux sciences, c'est-à-dire le lieu et le genre du discours philosophique par rapport à celui d'un discours scientifique. À cette fin, lisons le début d'un cours tenu la même année (1929) sous le titre : « Les concepts fondamentaux de la métaphysique. » Titre qui rappelle, explique Heidegger, par sa forme même, d'autres titres possibles : « Les traits fondamentaux de la zoologie », « Les lignes structurelles de la linguistique », etc. Bref, nous sommes face à une discipline constituée, appelée « métaphysique », dont il s'agit de présenter l'essentiel, sans entrer dans les détails. Ce qui d'ailleurs semble convenir à ladite discipline, si elle est considérée comme le noyau de la philosophie et cette dernière comme la science « universelle » par rapport aux sciences particulières que sont, par exemple, la « zoologie » ou la « linguistique ». Tout est donc dans l'ordre, et l'« affairement » *(Betrieb)* de l'université peut commencer, écrit ironiquement Heidegger : « Il a d'ailleurs commencé depuis longtemps et il est tellement bien lancé que quelques-uns se sont mis déjà à flairer quelque chose du désert et de la perdition où pousse cet affairement » (p. 2).

Si, en effet, croire que la métaphysique est la discipline fondamentale de la philosophie, et la philosophie une science apprenable et enseignable, n'était qu'un préjugé ? À quoi l'on pourrait répondre que si effectivement la philosophie n'offre rien à savoir de certain, cela vient de ce que la métaphysique n'a été jusqu'à nos jours qu'un « champ de bataille » (*Kampfplatz*) – mais laissons parler Kant dans sa préface à la *Critique de la raison pure* : « [...] un champ de bataille qui semble tout particulièrement destiné à exercer les forces des lutteurs en des attaques feintes, mais sur lequel jamais encore aucun combattant n'a été capable de conquérir ne serait-ce que la plus petite place ni de fonder sur sa victoire une possession durable ». La métaphysique : un embarras continuel, où « il faut sans cesse rebrousser chemin, parce qu'on trouve que la route qu'on a suivie ne mène pas là où l'on veut arriver ». Un "problème", dit le titre du livre de Heidegger sur Kant. En effet, alors que les sciences sont là, devant nous, solidement constituées, établies dans la certitude mathématique et apodictique, fonctionnant comme des rouages parfaitement réglés, la métaphysique, poursuit Kant, « n'a pas encore eu jusqu'ici l'heureuse destinée de pouvoir s'engager dans la voie sûre d'une science ». Bref, la philosophie – et cela comme métaphysique – est en retard, elle attend encore de devenir science.

« Ce qu'elle tente depuis Descartes, depuis le début des Temps Modernes, c'est-à-dire s'élever au rang d'une science, de la science absolue, elle n'y est pas encore parvenue. [...] À moins que cette idée de la philosophie comme science absolue ne soit une espérance aberrante ? Non pas seulement parce qu'un individu ou une école n'atteignent jamais ce but, mais parce que l'objectif visé est lui-même radicalement une erreur et une méconnaissance de l'essence la plus intime de la philosophie. La philosophie comme science absolue – un idéal élevé et insurpassable. C'est ce qu'il semble. Et pourtant, la simple évaluation de la philosophie d'après l'idée de la science est peut-être déjà la plus funeste dépréciation de son essence la plus intime [1]. »

Notre texte, en sa conclusion, reprend le début de ce cours : « [...] la rigueur d'aucune science n'égale le sérieux de la métaphysique. Et jamais la philosophie ne peut être mesurée à la mesure de l'idée de la science. » Mais à quoi peut-on donc mesurer la spécificité du discours philosophique ? Et si la philosophie n'est *pas* science, que doit-elle donc être, « et quel droit a-t-elle de figurer dans le cercle des sciences à l'Université ? » Ne retombe-t-elle pas du même coup au niveau d'une simple « vue du monde » ? Des vues du monde, chacun peut en inventer, pour en faire, comme on dit, un « système », qui vaudra le temps qu'un autre système vienne le remplacer. C'est

1. Heidegger, *Les Concepts fondamentaux de la métaphysique*, trad. D. Panis, Gallimard, 1992, p. 16.

la philosophie actuelle, autrement dit, dit crûment Heidegger, « un vaste marché culturel ».

L'originalité – à peine mesurable, et originalité comme proximité à l'origine, et non bizarrerie – de la pensée heideggerienne est d'avoir récusé à la fois la conception « scientifique » et la norme « culturelle » (anthropologique, sociologique, psychologique, etc.). La philosophie n'est déterminable que par elle-même, n'est comparable à rien d'autre. Elle est « quelque chose de singulier, de propre, d'ultime ».

2. Un mot singulier : « métaphysique »

« Métaphysique » : le mot évoque d'abord deux types de questions :

- les questions portant sur l'essence de tout ce qui est – et dont l'archétype est la question d'Aristote : « Qu'est-ce que l'étant ? » ;
- les questions visant les fondements ultimes et « premiers » de tout ce qui est : par exemple, selon une tripartition classique, Dieu, l'âme et le monde.

D'où, dans le concept scolaire de la métaphysique tel qu'il fonctionne à la fin du XVIIIe siècle (la dogmatique leibnizienne), une dualité dans la notion même de « métaphysique » : la « métaphysique générale » – autrement dit l'« ontologie » – visant l'étant en son être, et la « métaphysique spéciale » – théologie, psychologie, cosmologie – visant l'étant en ses fondements ou raisons d'être.

Maintenant, le phénomène historiquement déterminant, selon Heidegger, c'est l'occultation progressive de la métaphysique générale par la métaphysique spéciale, autrement dit de l'ontologie par la théologie, au sens large du terme. Cette occultation apparaît précisément dès le début de la métaphysique, à savoir avec la création du mot même de « métaphysique ». Heidegger explique ainsi : « Le nom de "métaphysique" provient du grec *ta meta ta phusika*. Ce titre étonnant fut interprété plus tard comme désignant l'interrogation qui dépasse l'étant comme tel *(meta, trans, "über"*, au-delà). »

Titre étonnant, parce qu'il est chargé, implicitement, d'un double sens secret. Au départ, une *absence de titre* pour les traités d'Aristote venant « après » *(méta)* les écrits dits « physiques » (*ta physika,* ce que nous appelons la *Physique)*. Donc une trouvaille d'éditeur, visant à ordonner ce qui était resté *sans* titre. Mais ce « titre » (« après la physique ») acquiert par la suite une valeur sémantique et philosophique propre. On a lu la préposition *méta,* « après », comme signifiant *méta, trans,* « au-delà ». Il s'agissait donc d'écrits ne venant pas seulement « après » la physique, mais traitant d'un *au-delà* de la physique : d'une métaphysique. C'est ainsi que l'histoire, partant de l'équivoque d'une préposition, a accentué délibérément le second sens, resté non développé, de cette préposition pour développer le « contresens » lui-même lourd de sens d'une « métaphysique » d'Aristote :

« On sait que l'expression *ta meta ta phusika,* qui désignait l'ensemble des traités d'Aristote faisant matériellement suite à ceux du groupe de la *Physique,* n'avait primitivement qu'une simple valeur de classification, mais se transforma plus tard en une dénomination expliquant le caractère philosophique du contenu de ces traités. Cette altération de sens n'est cependant pas aussi insignifiante qu'on le dit habituellement. Elle a, au contraire, orienté l'interprétation de ces traités dans une direction bien déterminée, et fait qu'il faudra désormais comprendre comme "métaphysique" ce dont traite Aristote. On peut néanmoins douter que le contenu des écrits aristotéliciens réunis sous le titre de *Métaphysique* soit vraiment une "métaphysique"[1]. »

En effet, la *Métaphysique* d'Aristote ne traite nulle part d'un « au-delà », d'un arrière-monde surnaturel. En devenant « métaphysique », la philosophie se met au service de la théologie chrétienne. Celle-ci s'empare des concepts fondamentaux de la philosophie grecque (platonico-aristotélicienne) pour les adapter de force à une doctrine de la Révélation, c'est-à-dire à un discours d'un genre extra-philosophique, où l'autorité n'est plus la recherche d'une vérité à méditer, questionner et dévoiler, mais un dogme à recevoir d'en haut. Une telle prépondérance du « métaphysique » au sens restreint du transcendant-théologique (principe ultime qui fonde l'étant en entier, mais qui lui-même *est un étant,* fût-il qualifié de *summum* : Dieu), constitue pour Heidegger le signe de l'oubli croissant où est tenu le *problème* de la Métaphysique – problème que *Être et Temps* reformule pour la première fois comme celui du « sens de l'être ». Ce problème est, depuis l'Antiquité grecque, retombé dans l'oubli, c'est-à-dire n'est même pas perçu *comme* problème. C'est pourquoi *Être et Temps* commence par la *remémoration* de cet oubli comme « problème », en citant en exergue du livre un mot du dialogue de Platon, le *Sophiste* (244 *a*) : « Car, manifestement, lorsque vous employez le terme d'"être", depuis longtemps déjà vous n'y percevez plus la moindre étrangeté ; quant à nous, autrefois aussi nous nous sentions chez nous, mais voilà que maintenant nous ne retrouvons plus le chemin. » Le texte dit littéralement : nous voilà tombés dans l'embarras ; ce que les Grecs nommaient *aporie,* toutefois, désigne bien plus qu'un embarras de circulation, ou une gêne passagère. Non : le chemin est barré, fermé ; il *échappe.* « Être » : une impasse, maintenant. Ce mot ne nous dit plus rien, alors même que nous le prononçons tous les jours, fût-ce sous la forme de la petite copule « est » : « *c'est* un brave gaillard », « le ciel *est* bleu », etc. Être : une vapeur, un néant ?

3. L'oubli de l'être

« Nous questionnons maintenant vers quelque chose que nous avons peine à envisager, qui nous paraît purement verbal, et qui nous

1. *Kant et le problème de la métaphysique* (1929), trad. fr., p. 66.

expose, dans la suite de notre questionner, à être victimes d'une sorte de fétichisme verbal. Il est d'autant plus nécessaire de nous faire tout de suite une idée nette de la façon dont se présentent pour nous, de prime abord, l'être et notre compréhension de l'être. Ce faisant, il importe avant tout de ne pas se lasser de faire l'expérience de ceci : ni sur l'étant, ni dans l'étant, ni où que ce soit d'autre, nous ne pouvons saisir l'être de l'étant lui-même, directement.

Éclaircissons cela au moyen de quelques exemples. Là-bas, de l'autre côté de la rue, se dresse le bâtiment du lycée. Quelque chose d'étant. Nous pouvons, de l'extérieur, explorer ce bâtiment de tous côtés, et le parcourir intérieurement, de la cave jusqu'aux mansardes, en notant tout ce que nous trouvons : couloirs, escaliers, salles de classe avec leur équipement. Partout nous trouvons de l'étant, et même selon un ordre déterminé. Or, où est l'être de ce lycée ? Et néanmoins ce lycée *est*. Le bâtiment *est*. S'il y a une chose qui appartienne à cet étant, c'est bien son être, et cependant nous ne trouvons pas celui-ci au sein de l'étant.

L'être ne consiste pas non plus dans le fait de regarder l'étant. Le bâtiment se dresse là, même si nous ne le regardons pas. C'est seulement parce qu'il *est* déjà que nous pouvons le trouver. En outre, l'être de ce bâtiment semble ne pas être du tout le même pour chacun. Pour nous, qui le regardons ou passons devant, il est autre chose que pour les élèves qui sont assis à l'intérieur, et cela non pas parce qu'ils le voient de l'intérieur, mais parce que c'est pour eux que ce bâtiment est proprement ce qu'il est, et tel qu'il est. L'être de bâtiments de ce genre, on peut pour ainsi dire le flairer, et on en garde souvent encore l'*odeur* dans les narines au bout de plusieurs décennies. Cette odeur nous donne l'être de cet étant d'une façon beaucoup plus immédiate et véritable qu'aucune description ou visite ne peut le faire. Mais d'autre part l'existence du bâtiment ne repose pourtant pas sur cette odeur qui flotte quelque part dans l'air.

Qu'en est-il de l'être ? Peut-on voir l'être ? Nous voyons un étant, ici la craie. Mais voyons-nous l'être comme nous voyons la couleur, le clair et l'obscur ? Ou est-ce que nous entendons, sentons, goûtons, touchons l'être ? Nous entendons la motocyclette, le vacarme qu'elle fait en passant à fond de train dans la rue. Nous entendons le coq de bruyère planer à travers la futaie. À vrai dire nous n'entendons que le crépitement du moteur, le bruit que provoque le coq de bruyère. De plus il est même difficile, et inhabituel pour nous, de décrire le bruit pur, parce qu'il *n'est pas* ce que nous entendons communément. Nous entendons, par rapport au bruit pur, toujours plus. Nous entendons l'oiseau volant ; or, en toute rigueur, on devrait dire : un coq de bruyère n'est rien d'audible, n'est pas quelque chose que l'on puisse ordonner dans l'échelle des sons. Et il en est ainsi pour les autres sens. Nous palpons du velours, de la soie ; nous les voyons immédiatement comme un étant qui est de telle et telle façon. L'un étant autrement que l'autre. Où réside et en quoi consiste l'être ?

Mais il faut encore regarder davantage autour de nous, et évoquer le domaine, tantôt plus étroit et tantôt plus large, où nous nous tenons tous les jours et à tout instant, consciemment ou non, domaine qui ne cesse de déplacer ses frontières et peut s'ouvrir brusquement en de nouvelles perspectives.

Un gros orage arrivant dans la montagne "est", ou bien, ce qui revient au même, "fut" dans la nuit. En quoi consiste son être ?

Une chaîne de montagnes lointaine sous un vaste ciel... Cela "est". En quoi consiste l'être ? Quand et pour qui se révèle-t-il ? Pour le promeneur qui jouit du pays, ou pour le paysan qui fait son travail quotidien à partir du pays et dans le pays, ou bien pour le météorologiste qui doit dresser un bulletin météorologique ? Lequel d'entre eux saisit l'être ? Tous et aucun. Ou bien, ce que les hommes dont j'ai parlé saisissent dans la chaîne de montagnes sous le vaste ciel, sont-ce chaque fois des aspects déterminés de celle-ci, et non point la chaîne elle-même, telle qu'elle "est" comme telle, non point ce en quoi consiste son être véritable ? Qui doit saisir celui-ci ? Ou bien d'une façon plus générale, est-il à contresens, contre le sens de l'être, de questionner vers ce qui est en soi *derrière* ces aspects ? L'être se trouve-t-il dans ces aspects ?

Le portail d'une église romane est un étant. Comment et pour qui se manifeste-t-il ? Pour l'historien de l'art qui le visite et le photographie dans une excursion, ou pour l'abbé qui fait son entrée sous le portail avec ses moines au jour de fête, ou pour les enfants qui jouent à son ombre un jour d'été ? Qu'en est-il de l'être de cet étant ?

Un *État* – il est. En quoi consiste son être ? En ceci que la police d'État arrête un suspect, ou en ce que, à la chancellerie il y a tant et tant de machines à écrire en action, qui prennent ce que leur dictent des secrétaires d'État ? Ou bien *est*-il dans l'entretien du Führer [1] avec le ministre anglais des Affaires étrangères ? L'État *est*. Mais où se cache l'être ? Se cache-t-il d'ailleurs où que ce soit ?

Ce tableau de Van Gogh : une paire de gros godillots de paysan, rien d'autre[2]. L'image ne reproduit rien à proprement parler. Cependant on se trouve tout de suite seul avec ce qui *est* là, comme si soi-même, tard un soir d'automne, quand charbonnent les derniers feux de pieds de pommes de terre, on rentrait fatigué des champs avec la pioche sur l'épaule. Qu'est-ce qui, dans tout cela, est étant ? La toile ? Les touches du pinceau ? Les taches de couleur ? Qu'est-ce qui est, dans tout ce que nous venons de nommer, l'être de l'étant ? Quelle figure faisons-nous au juste dans le monde, avec nos niaises prétentions et nos fausses malices ?

Tout ce que nous avons nommé *est* pourtant, et néanmoins, lorsque nous voulons saisir l'être, c'est toujours comme si nous refermions la main sur le vide. L'être dont nous nous soucions ici est bien proche du néant,

1. Hitler ; le cours date de 1935.
2. Voir « L'origine de l'œuvre d'art », dans *Chemins qui ne mènent nulle part.*

alors que pourtant nous protesterions bel et bien si on voulait nous attribuer l'affirmation que tout cet étant-là *n'est pas*.

Mais l'être reste introuvable, presque comme le néant ou finalement *tout à fait* de la même façon. Le mot "être" n'est plus alors pour finir qu'un mot vide. Il ne désigne rien d'effectif, de saisissable, de réel. Sa signification est une vapeur irréelle. Ainsi, en fin de compte, Nietzsche a-t-il parfaitement raison lorsqu'il nomme les "concepts les plus élevés" tels que *être* "la dernière fumée d'une réalité qui se volatilise" (*Crépuscule des idoles,* VIII, 78). Qui voudrait poursuivre une telle vapeur dont la désignation verbale n'est que le nom d'une grande erreur ? "En fait, rien n'a eu jusqu'ici une force de persuasion plus grossière que l'erreur de l'être". » (VIII, 80)

Introduction à la métaphysique (1935).

La transcendance

« Transcendance » : un nom de prime abord aussi obscur que « métaphysique ». Dans les deux cas, il y a l'idée de dépassement : s'avancer *(ascendere)* au-delà *(trans-)*. Un mouvement qui peut se décomposer en trois moments, au sens non chronologique du terme :

- celui qui dépasse, ce qui franchit ;
- ce qui est dépassé ;
- ce à quoi mène le dépassement.

Ce troisième moment est le plus difficile à déterminer. Si l'on prend le cas du franchissement d'un ravin, celui qui dépasse est le passant, ou le pont ; ce qui est dépassé est le ravin ; ce vers quoi le passant ou le pont franchit le ravin est l'« autre côté », l'*au-delà* du ravin : le sommet de la montagne.

La singularité de la transcendance, c'est qu'elle se détermine par cet « au-delà », qui d'ordinaire s'appelle le « transcendant ». Cet au-delà, le transcendant, est conçu selon une tradition toute « métaphysique » comme le principe suprême – Dieu. Dieu représente l'au-delà du physique, l'au-delà du « monde » (comme totalité de l'étant créé). Or la définition heideggérienne de la transcendance rend impossible ce troisième moment – l'au-delà métaphysique.

Transcender, en effet, c'est le mouvement, pour l'existant, de dépasser l'étant en entier – donc *tout* étant. Or « au-delà » de l'étant il ne peut y avoir un autre étant, fût-ce Dieu. Si l'on demande *vers quoi* a lieu le dépassement, la transcendance, on demande : vers quel étant, ou vers quel domaine de l'étant, vers quel « côté » ou quelle rive passe-t-on en passant au-delà ? Tout ce qui est, que ce soit ceci ou cela, un arbre ou une pierre, un homme ou un dieu, est au moins un « quoi », un quelque chose. La transcendance, si elle mène au-delà de l'étant, mène donc au-delà de tout « quoi », vers ce qui n'est pas un étant. Or ce qui n'est pas un étant est un néant. L'au-delà n'est « rien » – pas même Dieu, pas même l'homme (qui sont toujours un « quelque chose », un « qui »). Mais – et c'est là que toute notre attention est requise – ce « rien » n'est pas un néant nul, un *nihil negativum.* Car ce « rien » inclut nécessairement l'être même de celui qui transcende.

Exister veut dire : ex-sister, ex-céder tout étant. S'avancer au-delà de tout ce qui « est », donc même de « soi », en étant au-delà – mais ainsi, « là ». L'au-delà, pour l'existence qui transcende (expression tautologique), n'est pas un autre côté, une face cachée, un arrière-monde. C'est plutôt son lieu d'être, son « là ». La transcendance de l'existant ne se définit pas par rapport à son contraire classique : l'immanence, l'être « en » soi. Le *Dasein* n'est pas d'abord un « soi », pour ensuite se dépasser, se projeter au-delà de soi. Il n'est un soi qu'en étant d'avance en instance de transcender, en instance de départ. Il n'est en soi qu'en étant hors de soi.

La transcendance, c'est ce mouvement d'exister *au monde.* Réponse étonnante, qui bouleverse toute la problématique de la transcendance telle que l'avait élaborée jusqu'ici la métaphysique : pour celle-ci, surtout depuis le Moyen Âge, l'au-delà, le transcendant au sens classique, c'est précisément l'au-delà du monde, le métaphysique, au sens du surnaturel. Métaphysique veut bien dire : au-delà du physique, mais « physique » ne nomme pas, depuis le Moyen Âge surtout, *tout étant.* Nous le savons bien : à côté de la « physique », qui traite des « étants » naturels, il y a l'histoire ; et au-dessus *(au-delà)* du physique, il y a le « métaphysique », comme le domaine plus élevé, du surnaturel, de Dieu. Pour la tradition médiévale *et même moderne,* le « transcendant », c'est le surnaturel au sens de ce qui relève du supra-sensible. Or si Dieu n'est pas « physique », si, mettons, Dieu n'est ni un arbre ni un canif, il est quand même quelque chose. Autrement, il faudrait dire qu'il n'est rien – ce qui serait, théologiquement parlant, un scandale[1]. Au contraire, le seul concept adéquat de Dieu (comme transcendant), depuis Thomas d'Aquin, est celui que cite Heidegger lui-même : *summum ens,* le « summum » de ce qui est, mais toujours en tant que *summum,* un quelque chose *et non pas* rien. Car – et c'est là que l'on voit à quel point transcendance et néant vont de pair – selon cette même conception traditionnelle, le néant n'est rien au sens où il est le *négatif* de l'étant, le *nihil negativum.* Face à ce négatif, Dieu est au contraire la positivité ultime et suprême de l'étant. « Le néant devient main-

1. Scandale que pourtant la théologie dite « négative » n'a pas hésité à susciter. Par exemple, le théologien allemand Maître Eckhart (1260-1327), que Heidegger lut attentivement et qui l'inspira pour sa notion de « sérénité » ou détachement (*Gelassenheit*), dit que Dieu [n']est rien : « Que tout mon être sombre/en le rien de Dieu,/sombre en ce fleuve sans fond. »

tenant le concept antithétique à l'Étant proprement dit, au *summum ens,* à Dieu comme *ens increatum.* »

Dans l'expérience du *Dasein* comme transcendance au-delà de tout étant, *même Dieu* (en tant qu'étant, même « suprême ») est dépassé ; en tout cas, ce n'est pas *vers lui* que le *Dasein* transcende. Le *Dasein* ne dépasse pas un domaine (celui de la nature) pour un autre plus élevé (celui du « transcendant »), mais il excède d'avance tout domaine de l'étant – et cela en tant même que *Dasein,* ce **là** *(Da)* pour l'**être** *(et non* l'étant).

Mais alors, si le *Dasein,* d'avance, toujours déjà, excède tout domaine de l'étant, ne perd-il pas par là même toute « place » et situation au milieu de l'étant ? En entrant dans ce qui n'est plus un domaine ou une région, n'est-il pas alors privé de site ? Mais comment pourrait-il, devenu ainsi u-topique au sens littéral du mot[1], tenir lieu à l'être de *lieu d'être* ? Le *Dasein* : lieu d'être *et* lieu-tenant du néant ? On peut à peine imaginer contraste plus violent.

Mais ce contraste n'est pas une simple bizarrerie du « style » de la pensée. Heidegger le relève à l'œuvre chez les Tragiques grecs. Ainsi, dans le fameux chœur d'*Œdipe-Roi* que le cours *Introduction à la métaphysique* commente longuement, et notamment le vers 360 : « En chemin partout sur les voies de l'expérience, inexpert sans issue, il [l'homme, cette chose « monstrueuse »] parvient au néant ». Partout l'homme se fraie son chemin ; dans tous les domaines de l'étant il s'aventure – et pourtant c'est précisément *ainsi* que toute issue lui est coupée, qu'il est dé-voyé au sens propre, lancé hors de toute voie : perdu. De même, le vers 370 : « *upsipolis apolis* », que Heidegger traduit ainsi : « Transcendant le site (de l'Histoire), il devient sans site ». La *polis* – ni la cité ni l'État, écrit Heidegger, mais le site, le « lieu d'être » pour l'histoire d'un peuple – est dépassée par ceux-là qui s'y tiennent instamment, en tant qu'ils y sont à l'œuvre. Et c'est parce qu'ils sont éminents dans ce site de l'Histoire, qu'ils deviennent en même temps *apolis,* « sans feu ni lieu » – « solitaires, inquiétants », privés de tout « chez soi » paisible parce que, ce « chez soi » ils ne l'ont pas, mais ont à le fonder, à le projeter.

Ces deux paroles tragiques sur l'homme comme contraste abyssal entre le lieu d'être et l'absence de lieu, la voie frayée et le dévoiement dans le *no man's land,* montrent à quel point la transcendance n'est pas une « propriété » de l'homme comme sujet déjà constitué *avant* de transcender. Au contraire, elle est ce mouvement par lequel l'existence se constitue comme espace de jeu – *entre* lieu et non lieu, entre « ce qui est » (les choses, mais aussi la nature, l'Histoire et même Dieu) et « ce qui n'est pas » et n'est pourtant pas rien au sens de nul et non avenu. De fait, cette intermittence qui définit à la fois l'oscillation des choses (qui ne sont jamais assurées d'être,

1. « Utopie », un mot lancé par Thomas More au XVIe siècle, vient du grec *outopia,* « non » (*ou*) « lieu » (*topos*).

pouvant retomber à tout moment dans l'occultation, l'oubli, l'absence) et la vibration de l'être (qui, lui-même, s'il n'est pas un étant, un quelque chose, ne retombe pourtant pas à l'état de vide pur), cette intermittence constitue l'essence même du mouvement de transcendance, donc du *Dasein* : le *rythme* où il est porté, incessamment, de l'un (l'étant) à l'autre (l'être-néant). Car, autant il est impossible à l'homme de ne se rapporter qu'à de l'étant, en excluant l'être tenu pour « nul », autant il est impossible de s'en tenir exclusivement à l'« être », ou plus exactement de faire tenir le « rien » *exclusivement* à tout. C'est ce qu'un autre poète, plus moderne cette fois, dit : « Au gouffre central d'une spirituelle impossibilité que rien soit exclusivement à tout [1] ».

Pour que l'étant en entier (« tout ») soit dépassé, il faut que ce vers quoi a lieu le dépassement, qui n'est certes *pas* l'étant (donc « rien »), garde quand même un rapport avec ce qui est dépassé ; rapport non d'exclusion, mais d'inclusion. Aussi bien, le « rien » n'exclut pas « tout », puisqu'il inclut le *Dasein* – comme cet « étant » qui est « entre » étant et être, dépassant le premier pour soutenir le second (ce qui veut dire le plus souvent : le fuir). Il faut donc se garder de faire du « rien » une entité – absurdité notoire. « Le néant néantit » veut dire aussi : le néant *n'est rien*. Impossible de se le représenter comme un « quelque chose », même négatif. Mais en même temps que le rien n'est rien (d'étant, de « réel ») – il *y a* néant à partir du moment où il *y a Dasein*. « Néant » qui, dans *Vom Wesen des Grundes*, s'appelle : le *monde*.

Il n'y a pas de paradoxe plus étonnant. La transcendance « métaphysique », théologique, signifie : s'avancer au-delà du monde, entrer en rapport avec cet au-delà, qui n'est pas de ce monde : Dieu, l'Être suprême, ou quelque autre « absolu ». La transcendance heideggérienne, celle de l'existence, s'écrit à l'inverse : exister au monde, être-dans-le-monde. Dans ce cas, comment réserver au seul existant – l'homme – le privilège de la transcendance ? Tout n'est-il pas « dans » le monde : un caillou, un oiseau, un meuble ? Mais que signifie être « dans » le monde ? Le monde est-il ce vaste contenant qui engloberait la totalité de l'étant ? Sommes-nous « dans » le monde comme un meuble dans une pièce ou l'eau dans un verre ? Que signifie « être dans », rapporté au monde et à l'existant ? Ce n'est pas l'inhérence *réelle* d'un étant – l'homme – au sein d'un étant plus vaste (le monde). Ce n'est même pas, comme pour la conscience intentionnelle, un genre d'inhérence irréelle. Car avant tout l'existant, le *Dasein,* n'est pas d'abord un étant déjà constitué avant d'exister « dans » le monde. Ce n'est pas un sujet, et par conséquent le monde n'est pas davantage un objet pour ce sujet, ni même la totalité des objets possibles. Même si l'on disait que le *Dasein* est « entre » sujet et objets, on aurait déjà brisé l'unité du phénomène « être-au-monde », sans espoir de pouvoir le recons-

1. Stéphane Mallarmé, « Variations sur un sujet ».

tituer, après, à partir des éléments séparés. Comme le dit *Être et Temps* : « Ce n'est pas seulement le "ciment" qui manque, mais le "schéma" selon lequel doit se réaliser la cohésion est d'avance disloqué ou même jamais dévoilé [...] », lorsqu'on part d'un sujet isolé, *sans monde,* pour ensuite le faire entrer, à la faveur d'on ne sait quelle opération magique, en contact avec des objets sans lesquels, de toute façon, il « existerait » – subsisterait – tout autant.

Il faut donc prévenir toute dislocation du phénomène, c'est-à-dire, selon le mot d'Aristote : sauver le phénomène. Le « monde » ne nomme pas une totalité, une somme, ni même un simple cadre formel englobant tout. De même qu'il n'y a de *Dasein* qu'exposé ou jeté au monde, il n'y a de monde que projeté, éclairci par un exister. Seul le *Dasein* a un monde, parce que seul d'entre tous les étants il peut transcender l'étant : s'ouvrir à son *être.* L'ouverture à l'être est une fissure, cette béance par laquelle un monde advient, et devient histoire.

« "Le *Dasein* transcende" : cela signifie qu'il est essentiellement visage donneur d'un monde, et visage au double sens où il fait que ce monde *a lieu* (s'historialise), et qu'il se donne avec le monde une vision propre qui, même si elle n'est pas expressément saisie, donne à chaque étant manifeste, y compris au *Dasein* lui-même, préfiguration de son être[1]. » Le *Dasein* est *weltbildend,* formateur d'un monde : *Bild* est la figure, l'image, mais aussi la forme créative. *Bilden,* le verbe correspondant, veut dire : former, donner à chaque chose son identité. La *Bildung,* l'« éducation », est ce travail d'ouverture au monde grâce auquel celui qui, encore informe, vient « au » monde trouve son identité. L'existence donne visage formateur d'un monde. Ce « visage » n'est en rien une simple image au sens d'une représentation – représentation qui suppose le monde déjà formé avant, déjà là. Le visage donne au monde sa configuration de monde ; le *Dasein donne lieu* à un monde. Ce « donner lieu » doit être pensé au sens fort, comme une création, si le mot pouvait, en français, être dégagé de son sens de « fabrication ». Création à penser sur le modèle de l'œuvre d'art, dira L'*Origine de l'œuvre d'art.*

L'image ainsi pensée ne rend pas familière la chose à laquelle elle donne visage, au contraire : elle l'éloigne, la trans-figure, dans la mesure où elle la projette dans le lointain essentiel de son être. Le *Dasein* donne lieu à un monde, en *déréalisant* l'étant qu'il manifeste en son être. Le *Dasein* – l'être du « là » – est ainsi en même temps l'être de l'au-delà – l'*être des lointains,* dit la fin de *Vom Wesen des Grundes.* Ce même écrit pense le « monde » comme *rapport* de l'existence à l'étant en entier, rapport de transcendance, dans lequel l'étant est certes dépassé, mais pour son lieu d'être : l'ouverture du « libre projet », à partir duquel tout étant peut se dévoiler comme ce qu'il est. La transcendance est ce libre projet, fondateur d'un monde dans la

1. « L'être-essentiel d'un fondement ou "raison"», dans *Questions I,* p. 135.

mesure même où l'existence ne devient elle-même que comme « liberté pour fonder ». Le fondement, ainsi, n'est pas « transcendant » au sens d'un « en soi » (idée intemporelle, située au-delà du monde) ; pas davantage n'est-il la création d'une subjectivité existant pour soi, sans monde. Le fondement advient *dans* le geste fondateur d'un monde, que ce geste soit celui du poète, du politique ou du penseur. Geste qui se ressource à la liberté même – une liberté dont l'existant n'est pas maître, une liberté qui « détient » l'être humain plus qu'elle n'est possédée par lui. Liberté que la conférence *De l'essence de la vérité* pense comme la vérité de l'être : dévoiler l'étant par où il est, dépasser l'étant jusqu'à son être. « Seule la liberté peut rendre possible qu'un monde règne et donne-monde pour le *Dasein*. Le monde n'est jamais, mais il donne-monde. » (*Questions I*, p. 142.) *Welt ist nie, sondern weltet. Welten* – mot inconnu des dictionnaires – est à entendre en consonance immédiate avec *walten,* « régner ». Mais régner, n'est-ce pas une façon d'être ? Certes. Un roi règne sur ses sujets, et il est en même temps un « étant ». Le monde règne, s'ordonne en monde, prend visage de monde, donne-monde, donne-lieu. Et pourtant il n'« est » pas. Qu'est-ce donc ? Un néant – et pourtant un règne. C'est en tenant fermement réunis ces deux sens « contradictoires » que nous pourrons comprendre quelque chose au phénomène du monde qui, dès *Être et Temps,* nomme l'être comme différence. L'être – n'est pas ; et pourtant, sans l'être, pas d'étants. En 1935, Heidegger écrivait dans sa conférence sur l'œuvre d'art (*Chemins* [...], p. 34) :

« Un monde, ce n'est pas le simple assemblage des choses données, dénombrables et non dénombrables, connues ou inconnues. Un monde, ce n'est pas non plus un cadre figuré qu'on ajouterait à la somme des étants donnés. *Un monde s'ordonne en monde (Welt weltet),* plus étant que le palpable et que le préhensible où nous nous croyons chez nous. Un monde n'est jamais un objet consistant placé devant nous pour être pris en considération. Un monde est le toujours inconsistant que nous subissons, aussi longtemps que les voies de la naissance et de la mort, de la grâce et de la malédiction nous maintiennent dans l'éclaircie de l'être. Là où se décident les options essentielles de notre histoire, que nous recueillons ou délaissons, que nous méconnaissons ou mettons à nouveau en question, là s'ordonne un monde. Une pierre n'a pas de monde. Les plantes et les animaux, également, n'ont pas de monde, mais ils font partie de l'afflux voilé d'un entourage qui est leur lieu. La paysanne, au contraire, a un monde parce qu'elle séjourne dans l'ouvert de l'étant. »

Histoire du néant

« Depuis le commencement de la question sur l'étant, la question du non-étant, du néant, va de pair avec elle. Et ce non à titre extérieur et en guise d'accompagnement ; au contraire, c'est selon l'ampleur, la profondeur, l'originalité à laquelle à chaque époque la question sur l'étant est posée, que se forme la question sur le néant, et inversement. La manière de questionner sur le néant peut être considérée comme critère et indicateur de niveau pour la manière de questionner sur l'étant. »

Introduction à la métaphysique, p. 36.

Puisqu'il s'agit de remonter vers le commencement, la source de la philosophie comme interrogation sur l'étant comme tel, nous prendrons comme indicateur de niveau le dialogue de Platon, *Le Sophiste*.

1. Être et non-être : la triple articulation du *Sophiste*

Platon va parler du « sophiste », soit de l'adversaire du penseur « authentique », que Platon nomme « philo-sophe ». L'étrange de cette formulation, nous ne le percevons plus guère ; le mot *philosophos* est passé tel quel du grec à toutes les langues européennes et même extra-européennes. Même lorsqu'on revient au prétendu sens « littéral » de « philosophie » (« amour de la sagesse »), on ne gagne rien d'essentiel, car « sagesse » et « amour » restent le plus souvent indéterminés. La singularité du mot est atteinte seulement lorsqu'on prend au sérieux la remarque de Socrate à la fin du *Phèdre* (278*d*) : « L'appeler *sophos* ("sage"), voilà qui me paraît un peu gros ; un pareil nom, seule la divinité peut le porter. Mais l'appeler *philosophos* ou quelque chose du genre, voilà qui serait plus approprié et mieux dans le ton. »

Fausse humilité ? Mais rappelons-nous le mot du *Sophiste* en exergue d'*Être et Temps* : le philosophe est tombé dans l'embarras (l'aporie), il ne sait plus. Et certes, il *veut* (« aime ») savoir ; mais il ne peut se prétendre *en état de savoir (sophos)*. Il avoue avoir perdu toute familiarité avec ce que « vous », vous autres, « depuis longtemps déjà » savez, ou plutôt croyez savoir par le mot « être ». Qui Socrate vise-t-il ? Bien entendu ceux qui n'hésitent pas à s'appeler « savants », les ***sophistes***.

Le sophiste, aux yeux du philosophe, est un *pseudo*-savant. En fait, il *ne* sait *pas,* mais il « sait » comment parvenir à donner aux autres le sentiment d'être eux-mêmes savants ; il sait donner les « trucs », il est le maître du brillant, du faux-semblant, de la parade absolue à tout, bref, du toc. Il distribue de pseudo-« connaissances » ; non seulement il les distribue, mais il les vend ; il rend impossible tout véritable vouloir-savoir, parce qu'il a d'avance réponse à tout. L'« embarras » lui est à jamais inconnu. L'« être », pour lui, n'est même pas une *question*.

Le plus souvent on se contente de comprendre ce conflit entre sophiste et philosophe en disant que le premier était l'ennemi personnel, la « bête noire » du second, un peu son faire-valoir. Rien de plus dangereux que de réduire le conflit à un conflit de personnes. Il faut voir que le sophiste soutient une relation essentielle avec le philosophe, et cela en tant que l'inessentiel, le « faux », le pseudo-penseur. Que le sophiste ne soit pas seulement le faire-valoir du philosophe, c'est ce que montre déjà le sous-titre de notre dialogue : « *Sophistès è peri tou ontos* », « Sophiste ou de l'être ». De l'être. Parlant du sophiste, de l'homme du néant, on va parler de l'être. C'est précisément parce que le sophiste soutient l'être du non-étant, soit la « réalité » de l'*erreur,* qu'il pose au philosophe un problème *fondamental,* ontologique. Parce qu'il va être question du sophiste, de l'homme du néant, il va aussi être question de l'homme de l'être, du philosophe. Les deux se tiennent et vont de pair ; et de fait, la sophistique accompagne la philosophie depuis sa naissance, comme l'ombre accompagne la clarté.

Mais à ne s'en tenir qu'à ces deux figures, le tableau serait incomplet : toutes deux ne peuvent naître que d'un original *perdu.* Si le philosophe est celui qui veut savoir, et le sophiste celui qui croit savoir, il faut bien qu'il y ait, quelque part, un homme de savoir, qui sache ou ait su ce qu'était savoir. Celui-là, et celui-là seul, sera appelé *sophos.* Or le nom de *sophos* caractérise précisément ces figures (que Platon qualifie lui-même de « géants ») des premiers penseurs grecs que la tradition, philosophique et donc platonicienne, appelle « présocratiques » (Héraclite, Parménide).

La question du néant va donc être déployée en *trois* moments :

- **le *sophos*** (ici Parménide) – « *thèse* » excluant le non-être du champ de la pensée authentique ;
- **le *sophiste*** venant apporter la contradiction, puisqu'il est l'homme du non-étant sous la forme du faux, de l'in-essentiel ;
- **le *philosophe*** qui rétablit l'ordre, en établissant un *partage* entre les deux « figures » sous forme de la participation des « idées » et en ayant préalablement réduit le non-étant à la catégorie de l'« autre ».

Sans qu'il soit question, ici, de développer à fond ces trois moments, reprenons surtout les deux premiers tels qu'ils sont déjà pré-articulés par le troisième. Dans le premier moment, être et non-être ne peuvent se mélanger : l'étant « est », et il ne fait que cela ; par contre le non-étant n'« est » pas, ce qui semble à première vue « logique ». Il n'est pas au sens où il n'a pas lieu d'être (interdiction qui rend le sens de la négation comme refus, *mè* en grec). Tout a l'air très simple et l'on se demande même comment un penseur aussi profond que Parménide a pu s'attarder à proférer de pareilles « évidences ».

Mais... ce premier moment ne tient pas longtemps pour peu que l'on s'avise qu'*existe* quelque chose de tel qu'un sophiste. L'étranger reprend pour Théétète la « thèse » parménidienne pour la résumer grossièrement et ainsi déjà la détruire : le non-être n'est pas ; non seulement il n'est pas, mais il est indicible et impensable, bref hors de tout *logos (alogos)*. Dire, en effet, c'est toujours dire quelque chose ; et (ne) rien dire, c'est *ne pas* dire [où l'on voit : 1. que déjà le *logos* légifère sur l'être, la présence ; 2. que, de ce fait, le néant est pensé *à partir de* la négation]. De même pour « penser ». Seulement lorsqu'on dit : le non-être *est* impensable, indicible, « inexistant », on dit bien quelque chose, et on dit quelque chose qui « est » à propos de ce qui n'est pas.

ÉT. – « Me serais-je trompé [demande l'Étranger à Théétète] en disant à l'instant que j'allais prononcer au sujet du non-être la plus énorme aporie ? » (238*d*)

Théétète ne comprend pas. L'Étranger enfonce donc le clou :

ÉT. – « Eh quoi, admirable Théétète, ne saisis-tu donc pas, à ce qui vient d'être dit, que le non-être met celui qui le réfute en une telle aporie que chaque fois qu'il veut le réfuter, il est forcé à ce sujet de se contredire lui-même ?

TH. – Que dis-tu ? Explique-toi.

ÉT. – Ce n'est plus en moi qu'il faut chercher à voir plus clair. Car moi, j'ai posé que ni à l'un ni au multiple le non-être ne doit prendre part, et ce faisant, je l'ai dit, déjà et maintenant même, "un" ; car je dis "*le* non-être". Tu comprends ?

TH. – Oui.

ÉT. – Mais en outre, je le disais, à l'instant même, *être* imprononçable et indicible et insaisissable *(alogos)*. [...] En lui accordant donc d'une certaine manière l'être, ne me contredisais-je pas à nouveau ? [...] À quoi bon, alors, parler de moi plus longtemps, pour trouver que je suis d'avance battu dans cette réfutation du non-être ? » (*Sophiste*, 238*d*-239*b*)

Réfuter le non-être c'est l'affirmer : entrer dans la contradiction même. Et pourtant il existe bien un personnage qui se permet l'impossible. Plus haut, l'Étranger résumait l'aporie sous la forme suivante, où l'on verra déjà nettement apparaître la figure du sophiste :

« Vrai, mon cher, nous sommes en train d'examiner quelque chose d'éminemment difficile. Se manifester comme ceci et en avoir l'allure, mais ne pas [l']être, dire des choses sans qu'elles viennent du même coup se déclarer, tout cela est gros d'aporie depuis toujours, dans le passé comme aujourd'hui. Comment s'y prendre en effet pour dire et faire paraître du faux comme étant vraiment, et, à le proférer, comment ne pas être tenu à une contradiction ? » (*Ibid.*, 236*d-e*)

Si l'on ne peut affirmer ni réfuter le non-être, comme ne participant pas au partage de l'être, au *logos,* la possibilité même de l'erreur disparaît ; erreur qu'il faut comprendre au sens phénoménologique et non cartésien :

ce n'est pas « moi » qui me trompe, mais l'*étant* (ce qui se présente) qui trompe, soit se manifeste comme ce qu'il n'est pourtant pas ; l'erreur doit être comprise à partir du combat grec entre apparence et être, c'est-à-dire à partir du sens *phénoménal* de la présence : être, *c'est* apparaître – apparaître qui se dédouble en une apparence (qui peut être « trompeuse ») et une « vérité », c'est-à-dire un *être-dévoilé (alèthès).* Le sophiste, c'est celui qui rend l'étant autre qu'il n'est, par exemple sous forme d'images *(eidôlon,* « idole »).

TH. – « Que pourrions-nous dire, Étranger, de l'image, sinon qu'elle est une autre chose rendue pareille à la vraie ?

ÉT. – Par "autre", entends-tu une autre vraie, ou alors quoi ?

TH. – Nullement une vraie, mais une qui la figure.

ÉT. – Et tu entends le vrai comme étant étantement ?

TH. – Oui.

ÉT. – Eh quoi ? Le non-vrai est bien le contraire du vrai ?

TH. – Et comment !

ÉT. – C'est donc comme n'étant pas étantement que tu entends ce qui est semblable, puisque tu le dis non-vrai ?

TH. – Pourtant, il faut bien qu'il soit en quelque façon.

ÉT. – Pas vraiment, du moins, d'après toi.

TH. – Pas au sens propre, en effet ; quoique au sens figuré – étant figurant.

ÉT. – Par "image" ou figurant, nous entendons donc l'étant qui a pour propriété d'être de ne pas être en propre de l'étant.

TH. – Le non-étant se mêlant ainsi à l'étant, c'est d'une telle confusion que l'étrangeté y est à son comble.

ÉT. – Tout à fait étrange, et déplacé, en effet ; tu vois au moins que maintenant, par un tel entrelacement (de l'être au non-être), notre sophiste aux mille visages nous a contraints de reconnaître malgré nous que le non-étant est en quelque façon. » (*Ibid.*, 240*a-c*)

Percevons-nous encore l'« étrangeté » de ce débat, ou plutôt de ce *conflit ?* Rien que son langage ? Avec la philosophie, les histoires sont finies ; c'est l'Histoire qui commence. Et s'il est vrai, selon *Être et Temps* (p. 39), qu'« une chose est de raconter des histoires sur ce qui est, une autre de saisir ce qui est en son être », alors l'étrangeté du langage heideggérien nous paraîtra vite presque inoffensive, en comparaison de la langue propre à Platon.

La *différence* entre « étant » et « non-étant » devient pour Platon celle qui sépare l'*idée,* à savoir ce qui est étant « au sens propre » (« étantement étant », écrit sans ambages Platon) et l'*idole,* ce qui « figure » l'étant, a l'air d'être mais n'est pas proprement. Par là, la différence transit entièrement tout ce qui « est » : il n'y a pas au départ deux mondes, mais un seul partage, qui sépare et répartit ce qui doit être pris pour la part « bien-faite » et la part « mal-faite ». Mais une telle différence, pour n'avoir lieu qu'au sein de l'étant, menace d'être elle-même *réalisée,* c'est-à-dire close, et de ce fait réduite ; le non-être, interprété dans le troisième moment sous la catégorie de l'« autre », et soumis au pouvoir souverain du dire « logique » qui départage « étant » et « non-étant » selon la participation de chaque étant à son être (idée), perd son étrangeté, mais aussi du même coup sa « propriété ». Il devient un simple genre de l'être, réduit lui-même au seul pôle positif de l'« idée » ; et tombe du côté du négatif, lui-même dépendant (comme simple contrepartie) de ce pôle devenu « monde-vrai ».

2. Histoire du néant, suite et fin : oubli du néant et nihilisme

La dialectique du *Sophiste* montre à quel point la question de l'être est *aussi* celle du non-être, mais elle montre également comment le « combat de géants » à propos du sens de l'être a peu à peu dégénéré. En ce sens la différence ontologique, que la question du non-être recèle nécessairement tout en la voilant dans son traitement, s'est oubliée au fur et à mesure de l'histoire au profit d'une simple querelle entre des genres de discours. Oubli déjà à l'œuvre chez Platon, dans la mesure où le regard reste braqué sur l'*étant,* même au nom du *logos* (qui ne peut être lui-même que de quelque chose *et non* de rien), et où la délimitation (gagnée dans le moment ultime, proprement dialectique) entre un « monde-vérité » (de ce qui est totalement « étant », au sens positif plein) et un monde-illusion (de ce qui ne doit pas être tenu pour « étant », *mè on,* l'« idole ») manque le lieu d'être propre à la différence : la transcendance *comme* être-dans-le-monde. Depuis Platon est « vraie » la parole du poète, qui dit que la vraie vie est absente, ou, ce qui revient au même, que nous ne sommes plus au monde. La connexion entre « être » et « vérité » reste fondamentalement non questionnée, quels que soient les efforts pour se libérer d'une telle dichotomie, et notamment quelque radical que puisse être un renversement métaphysique tel que celui opéré par Nietzsche, congédiant le « monde-vérité [1] ». La vérité peut bien être redéployée selon des interprétations ontologiques aussi diverses que l'ordre de la création divine, au Moyen Âge, ou la subjectivité, aux temps modernes, l'être fait de moins en moins question – l'être et la différence.

Dans le prologue à la 4e édition de *Vom Wesen des Grundes,* Heidegger précise que néant et différence (ontologique) « ne sont certes pas uniformément égaux mais sont identiques au sens de ce qui appartient au même partage ». En effet, le néant est le *non* à l'égard de l'étant, la différence le *non* entre étant et être. « Mais autant l'Être comme le non à l'égard du néant n'a rien d'un néant au sens d'un *nihil negativum,* autant la diffé-

1. Voir Nietzsche, « Comment le "monde-vérité" devint enfin une fable », dans *Le Crépuscule des idoles* (les « idoles », pour Nietzsche, ce sont les « idées » de Platon).

rence [...] ne peut être réduite à une distinction façonnée par l'entendement *(ens rationis)* ».

Le pouvoir de l'entendement est ainsi cette « puissance du rationnel » qui s'exerce pour rejeter dans le néant de l'irrationnel tout ce qui *n'*est *pas* l'étant, c'est-à-dire ce que le rationnel a jugé ineffectif, irréel. C'est ce qui ressort de la manière désinvolte dont un penseur tel que **Kant** traite le néant. « Avant de quitter l'Analytique transcendantale, il nous faut encore ajouter quelque chose qui, sans avoir par soi-même une importance extraordinaire, pourrait cependant apparaître indispensable à la perfection du système [1]. » Ce petit « quelque chose », qui est censé donner le dernier coup de pinceau à l'édifice, c'est l'exposition du concept de *néant,* lui-même envisagé comme contrepoint au concept universel, et donc vide, de « quelque chose en général ». Kant distingue quatre acceptions du néant :

- comme *ens rationis* (concept vide sans objet) : à la différence du cercle carré, c'est un « quelque chose » qui est « possible » (concevable) mais sans « exemple » dans le domaine de l'expérience ;
- comme *nihil privativum* (objet vide d'un concept), soit la négation, « concept du manque de l'objet, comme l'ombre, le froid » ;
- comme *ens imaginarium* (intuition vide sans objet), comme l'espace ou le temps purs ;
- comme *nihil negativum* (objet vide sans concept), soit la perfection du rien – le cercle carré –, ou « la figure limitée par deux droites » ; un quelque chose qui se contredit. Kant note à ce propos que « le concept rien est l'impossible ».

La plus étrange (et originale) de ces acceptions est la troisième : déterminant les formes *a priori* de l'intuition – espace et temps –, c'est tout le fondement de possibilité de la connaissance humaine (finie) que Kant définit comme un « rien ».

Chez **Hegel**, le rien semble s'imposer avec plus de force encore dans la mesure où le savoir est absolutisé, c'est-à-dire parvient à l'autonomie ; or le moteur de l'absolu, c'est la négativité qui permet de dépasser les unilatéralités du savoir « naturel » (ou immédiat). Toute détermination est négation, et réciproquement : sur le chemin de l'accession à l'absolu, l'esprit passe par une série d'étapes, s'historialisant en un long « calvaire ». C'est le « *travail du négatif* » qui est responsable du savoir absolu, et il commence dans le courage face à la mort. Dans la préface à la *Phénoménologie de l'Esprit*, Hegel écrit :

« La mort, pour donner ce nom à cette irréalité, est ce qu'il y a de plus terrible, et retenir ce qui est mort, est ce qui requiert la plus grande force. La beauté sans force hait l'entendement parce qu'il lui impute cela même qu'elle ne peut pas faire. Mais la vie de l'esprit n'est pas la vie qui s'ef-

1. Kant, *Critique de la raison pure*, trad. Tremesaygues et Pacaud, PUF, p. 248.

farouche devant la mort et se préserve pure de toute dévastation, c'est au contraire celle qui la soutient et se maintient en elle. L'esprit n'acquiert sa vérité qu'en se trouvant lui-même dans l'absolu déchirement. Il n'est pas cette puissance au sens où il serait le positif qui n'a cure du négatif, à la façon dont nous disons de quelque chose : ce n'est rien, ou : ce n'est pas vrai, et puis, bon, terminé, fi de cela et passons à autre chose ; il n'est au contraire cette puissance qu'en regardant le négatif droit dans les yeux, en s'attardant chez lui. Ce séjour est la force magique qui convertit le négatif en être[1]. »

Mais dans l'esprit de cet Esprit, le négatif est bien destiné à être surmonté, et la fin demeure la positivité du savoir absolu. De nouveau, le négatif joue un rôle subordonné au pouvoir de l'entendement logique, même si celui-ci a été transformé de fond en comble par l'interprétation dialectique. C'est bien ce que semble indiquer déjà un passage particulièrement significatif d'*Être et Temps* (p. 285) :

« L'ontologie et la logique ont certes beaucoup demandé au non *(Nicht)* et de cette manière ont rendu visibles par bribes ses pouvoirs, sans le dévoiler lui-même en son être. L'ontologie est tombée sur le non et en a fait emploi. Mais va-t-il vraiment de soi que tout non signifie une négation au sens d'un manque ? Sa positivité s'épuise-t-elle en son caractère constitutif du "dépassement" ? Pourquoi toute dialectique va-t-elle chercher refuge auprès de la négation sans fonder dialectiquement *par elle-même* ce genre de "chose", sans même pouvoir la fixer comme "*problème*" ? A-t-on jamais fait de l'*origine ontologique* de la propriété-non *(Nichtheit)* un problème, a-t-on seulement cherché les *conditions* sur la base desquelles le problème du non, et de sa propriété, et de ses pouvoirs, peut se poser ? Et où pourrait-on trouver de telles conditions, *sinon dans la clarification thématique du sens de l'être en général* ? »

1. Hegel, *Phénoménologie de l'Esprit*, trad. J.-P. Lefebvre, Aubier, 1991, p. 48.

Extrait retraduit et commenté

« La nuit claire de l'angoisse »

Dans l'angoisse il y a un mouvement de "recul devant…", mouvement qui certes n'est plus une fuite, mais un repos tenu sous une fascination. Ce recul devant... prend son essor du néant. Celui-ci n'attire pas à soi, mais repousse essentiellement. Mais repousser loin de soi, c'est en même temps, en laissant échapper, renvoyer à l'étant qui sombre en son ensemble. Ce double mouvement, totale répulsion qui renvoie à l'étant tout entier s'échappant, mouvement qui constitue la manière dont le néant obsède le *Dasein* dans l'angoisse, voilà la façon dont le néant se déploie : le néantissement. Ce mouvement n'est ni un anéantissement de l'étant, ni une production de la négation. Le néantissement ne se laisse mettre au compte ni d'un anéantissement ni d'une négation. Le néant même néantit.

Le néantir n'est pas un accident aléatoire, mais en tant que ce mouvement de repousser en renvoyant à l'étant s'échappant en entier, il manifeste cet étant dans son étrangeté totale, jusqu'alors cachée, comme ce qui est radicalement autre par rapport au néant.

Dans la nuit claire de l'angoisse se lève pour la première fois l'ouverture originelle de l'étant comme tel : qu'il soit étant – et non rien. Cet "et non rien", que nous ajoutons dans la formule, n'est pourtant pas une précision adjointe après coup, mais ce qui rend d'avance possible le caractère manifeste de l'étant en général. Le propre du néant à l'origine néantissant réside en ceci : il porte le *Da-sein* d'emblée face à l'étant comme tel.

Ce n'est que sur la base de cette manifestation originelle du néant que l'être de l'homme peut entrer en rapport à l'étant et s'y installer. Et pour autant que ce *Dasein*, selon sa façon d'être, se rapporte et se comporte par rapport à l'étant qu'il n'est pas ou qu'il est lui-même, il provient, en tant qu'un tel *Dasein*, toujours déjà du néant manifeste.

Da-sein (être le-là) signifie : être tenu, suspendu dans le néant.

Ainsi suspendu dans le néant, le *Dasein* est toujours déjà passé au-delà de l'étant en entier. Être ainsi ex-posé au-delà de l'étant, voilà ce que nous nommons la transcendance. Si le

Dasein n'était pas, au fond de son être, en instance de transcender, disons maintenant, si d'avance il ne s'était pas tenu en l'instance du néant, alors il ne pourrait jamais se tenir en rapport à l'étant, ni par conséquent à soi-même.

Sans manifestation originelle du néant, pas d'être-soi ni de liberté.

Qu'est-ce que la métaphysique ?
La réponse à la question, pp. 52-53.

1. Le jeu de renvoi du néant à l'étant ; attraction/répulsion

On a un double mouvement qu'on peut, dans l'abstrait, décomposer ainsi :

- le néant n'attire pas à soi, il est répulsif *(abweisend) ;*
- mais s'il repousse, *à quoi* renvoie-t-il ? – pas à soi, mais à ce qu'il a lui-même ébranlé, rendu « branlant » : l'étant en entier, qui « sombre » ou s'effondre. C'est ce double mouvement que nomme le verbe (néologisme aussi bien en français qu'en allemand) « néantir » *(nichten)* : non pas anéantir ni nier, mais refouler vers ce qui s'échappe totalement – et ainsi ne laisser rien qui tienne.

Ce mouvement de balancier manifeste une fois encore qu'étant et néant vont de pair : « plus nous nous tournons vers l'étant dans nos agissements, plus nous nous détournons du néant ». La conférence *Vom Wesen der Wahrheit* nomme « errance » ce mouvement de balancier entre « se tourner vers l'accessible » (l'étant) et « se détourner du secret » (l'être-néant). Il y a ainsi un va-et-vient entre l'étant et l'être qui constitue en quelque sorte le pivot de l'existence, son espace de jeu (au sens où l'on parle du jeu d'une pièce, ou d'une porte). (Voir *Questions I*, pp. 186 *sq.*)

On ne peut pas se tourner vers le néant, à la manière dont on « se penche » sur telle ou telle « affaire », puisque, précisément, le néant repousse de soi et renvoie ainsi à son « autre » : l'étant. Néantir, c'est là sa façon d'« être » ou plutôt d'avoir « lieu », et non pas « exister » comme ceci ou cela, ainsi que le croit le « savoir quotidien ». Celui-ci ignore qu'en se tournant vers ce qui, à ses yeux, seul « est », il manifeste précisément la puissance du néant. L'« *aversion* » (se détourner de...) à l'égard du néant manifeste précisément ce néant en son « essence » : comme *répulsif.*

2. « et non rien »

Dans *Introduction à la métaphysique* (pp. 34-36), Heidegger discute de cette « adjonction » selon sa manière caractéristique : partant de l'opinion commune (adjonction superflue, bien plus : nuisible au regard de la logique puisqu'elle n'ajoute *rien*), il détruit l'objection en montrant d'une part que l'adjonction a été posée par la tradition (« depuis l'origine de la question sur l'étant, la question sur le non-étant, le néant, va de pair avec elle »), et d'autre part qu'elle est nécessaire pour donner un sens même à « l'étant » – sans l'Être (qui n'est rien – d'étant), comment pourrait-il y avoir un étant ?

3. Le néant comme tout autre

Cet « autre » (neutre) n'est pas une autre *chose,* mais ce qui n'est pas de l'ordre de l'étant. Par là il faut entendre, nous dit la Postface, l'Être : « Or l'Être ne se laisse pas comme l'étant représenter et produire objectivement. Cet autre pur et simple de tout étant est le non-étant. Mais ce rien déploie son essence *(west)* comme l'Être » (*Questions I*, p. 76). Si la conférence ne nomme pas cet « autre » l'Être, c'est pour ne pas l'hypostasier en une entité absolue : n'oublions pas que néant et étant en entier ne font qu'un, ce que la Postface exprime sous la forme d'une ambivalence énigmatique : « Jamais l'Être ne se déploie *(west)* sans l'étant, jamais un étant n'est sans l'Être » (*ibid.*, p. 77).

Autour du concept de science

1. La « science » grecque

La science grecque n'a jamais été une science exacte, et cela pour la raison qu'en son essence, elle ne pouvait être exacte et n'avait pas besoin de l'être. C'est pourquoi il est insensé de dire que la science moderne est plus exacte que celle de l'Antiquité. De même, on ne peut pas plus dire que la doctrine galiléenne de la chute libre des corps est vraie, et que celle d'Aristote, qui enseigne que les corps légers lévitent vers le haut, est fausse ; car l'acception grecque de la nature du corps et du lieu, et de la relation des deux, repose sur une autre explication de l'étant et conditionne par conséquent une autre façon de voir et de questionner les phénomènes naturels. Personne n'aurait l'idée d'affirmer que la poésie de Shakespeare constitue un progrès par rapport à celle d'Eschyle. Mais il est encore plus impossible de dire que l'appréhension moderne de l'étant est plus juste que l'appréhension grecque.

« L'époque des "conceptions du monde" »,
trad. W. Brokmeier in
Chemins qui ne mènent nulle part, pp. 70-71.

Il courait chez les Grecs une vieille histoire, qui racontait que Prométhée aurait été le premier philosophe. Eschyle fait prononcer à Prométhée cette parole, qui exprime l'essence du savoir : *Technè d'anankès asthénétéra makrô*[1] (« Mais le savoir est bien plus faible que la nécessité »). Ce qui veut dire : tout savoir sur les choses reste d'abord livré à la surpuissance du destin et échoue devant elle. C'est bien pourquoi le savoir doit déployer sa résistance la plus haute, à laquelle seule toute la puissance de l'être-caché de l'étant se manifeste, pour échouer effectivement.

Ainsi justement s'ouvre l'étant dans son insondable immuabilité, et ainsi fournit-il au savoir sa vérité. Ce mot sur la faiblesse créatrice du savoir est un mot des Grecs, chez lesquels on aimerait trouver, par trop arbitrairement, le prototype d'un savoir reposant uniquement sur soi-même, et du même coup oublieux de soi-même, que l'on

1. Eschyle, *Prométhée*, v. 514. Heidegger traduit *technè*, l'art au sens de savoir-faire, par « savoir ».

nous explique être l'attitude « théorique ». Mais qu'est-ce que la *theoria* pour les Grecs ? On dit : c'est le pur acte de « considérer », qui n'est lié qu'à la chose *(Sache)* dans sa plénitude et son exigence. Et ce comportement qui considère doit se produire – dit-on en invoquant les Grecs – en vue de lui-même. Mais cette invocation des Grecs est injustifiée. Car la « théorie », d'une part, n'advient pas pour elle-même, mais uniquement dans la passion de demeurer près de l'étant en tant que tel et sous sa contrainte. Et, d'autre part, les Grecs se sont précisément battus pour concevoir et pour accomplir cette interrogation considérative comme une modalité – et même comme la plus haute modalité – de *l'énergéia*, de l'être-au-travail de l'homme. Il ne s'agissait pas pour eux d'assimiler la praxis à la théorie, mais au contraire de comprendre la théorie elle-même comme la plus haute réalisation de la praxis authentique. Pour les Grecs, la science n'est pas un « bien culturel », mais le centre le plus intimement déterminant de l'ensemble de l'existence *(Dasein)* populaire au sein de l'État. La science n'est pas non plus pour eux le simple moyen de faire venir à la conscience ce dont on n'a pas conscience, mais c'est la puissance qui maintient à son point d'acuité l'ensemble de l'existence et la saisit entièrement.

La science, c'est tenir bon en questionnant au milieu de l'étant en totalité, qui ne cesse de se dissimuler. Cette obstination active sait du même coup quelque chose de son impuissance devant le destin.

L'Auto-affirmation de l'université allemande,
Discours de rectorat (1933), trad. G. Granel, T.E.R., 1982.

2. La science moderne

Les deux extraits suivants sont tirés d'une conférence prononcée par Heidegger le 9 juin 1938 sous le titre « Le fondement de la conception moderne du monde par la métaphysique » (repris dans *Chemins qui ne mènent nulle part,* sous le titre « L'époque des "conceptions du monde" »). Le texte commence par énumérer cinq phénomènes essentiels qui marquent les temps modernes : la science, la technique, l'entrée de l'art dans l'horizon de l'esthétique, la « culture » et l'athéisme. Il se consacre ensuite exclusivement à la science.

Trois traits fondamentaux déterminent la science moderne, envisagée comme recherche :

- 1. l'ouverture (par le plan mathématique) d'un secteur d'objectivité ;
- 2. la méthode ;
- 3. l'organisation (au sens de la planification, *Betrieb).*

Ces trois traits correspondent aux trois traits de la science « en général » que déploie la première partie de *Qu'est-ce que la métaphysique ?* :

- 1. le rapport au monde ;
- 2. l'attitude ;
- 3. l'irruption.

Mais une telle correspondance fait clairement apparaître une mutation essentielle dans la conception de la scientificité propre aux temps modernes : car si la méthode est bien une attitude (à l'égard de l'étant), toute attitude n'est pas méthode ; de même, si toute « impulsion » d'organisation planifiant un secteur est bien une irruption de l'homme au sein de l'étant en entier, toute irruption n'est pas organisation-exploitation. Il y a comme un rétrécissement et un infléchissement décisifs à passer d'un plan (celui de 1929) à l'autre (celui de 1938).

À quoi tient cette différence ? Pas seulement au fait que la science, dans la conférence de 1929, est traitée de manière « occasionnelle », pour lancer la question du néant. Bien plutôt au fait qu'en 1929, le caractère de projet technique de domination de la nature par la science n'est pas encore marqué ; la conférence constate bien, par exemple, l'éclatement des sciences en disciplines diverses, sous la poussée de la spécialisation. Elle observe que l'Université ne conserve son sens d'unification du savoir en un système que parce qu'elle reste « administrativement » unifiée, et donc que l'enracinement des sciences en un fondement essentiel (= métaphysique) est mort. Mais elle ne croit pas pour autant ce phénomène irréversible. Au contraire : il s'agit, en 1929, de provoquer un « sursaut » et un réveil de l'existence scientifique à son « fondement d'être », c'est-à-dire métaphysique. Il faut qu'elle cesse de tenir le néant pour un vide absolu, qu'elle redevienne exposée à *ce* néant qu'est, pour elle, l'être. Bref, en 1929, Heidegger croit encore possible une passerelle entre la science et la pensée.

En 1938, il n'en est plus rien : le savant n'est plus qu'un « chercheur », poussé dans un programme de recherche, ici la recherche sur tel virus, là sur tel corpuscule. La science a été atomisée avant même d'avoir découvert la fission de l'atome. Un « brouillard » plane sur l'essence de la science moderne, écrira Heidegger en 1954. Tenter de percer ce brouillard ne se peut qu'en posant une bonne fois la question : *Qu'est-ce que la métaphysique ?* s'il est vrai que la fondation de la science moderne coïncide avec celle de la métaphysique moderne (Descartes, Kant), qui assure pour la science son fondement d'être impensé : projet d'objectivation, méthode, volonté de certitude absolue du tout de l'étant.

La recherche

L'essence de ce qu'on nomme aujourd'hui science, c'est la recherche. En quoi consiste l'essence de la recherche ?

En ce que la connaissance s'installe elle-même, en tant qu'investigation, dans un domaine de l'étant, la nature ou l'histoire. Par investigation, il ne faut pas seulement entendre la méthode, le procédé ; car toute investigation nécessite un déjà ouvert à l'intérieur duquel son mouvement devient possible. Or c'est précisément dans l'ouverture d'un tel secteur d'investigation que consiste le processus fondamental de la recherche. Il s'accomplit par la projection, dans une région de l'étant, par exemple la nature, d'un plan déterminé des phénomènes naturels. Le projet *(Entwurf*[1]*)* marque ainsi d'avance les jalons sur lesquels devra se guider, dans le secteur une fois ouvert, la reconnaissance investigatrice. Être lié par un tel jalonnement constitue la rigueur de la recherche. Par le projet du plan et par la détermination de la rigueur, l'investigation s'assure ainsi, à l'intérieur de la région de l'être, son secteur d'objectifs. Un coup d'œil sur la plus ancienne et en même temps la plus normative des sciences modernes, la physique mathématique, éclaircira ce que nous voulons dire. [...]

La physique moderne est dite mathématique, parce qu'en un sens insigne elle applique une mathématique très déterminée. Et elle ne peut procéder ainsi, c'est-à-dire mathématiquement, que parce qu'elle est elle-même, en un sens plus profond, déjà mathématique. *Ta mathemata*[2] signifie pour les Grecs ce que l'homme connaît déjà d'avance lorsqu'il considère l'étant et lorsqu'il entre en relation avec les choses : des corps, ce qui fait d'eux des corps ; des plantes, ce qui en fait des plantes ; des animaux, ce qui en fait des animaux ; des hommes – l'humanité. De ce connu d'avance – donc de ce mathématique – font encore partie les nombres. Quand nous voyons trois pommes sur la table, nous re-connaissons qu'il y en a trois. C'est que le nombre trois, la triplicité, nous la connaissons déjà. Cela veut dire : le nombre est quelque chose de mathématique. Ce n'est que parce que les nombres sont ce qui s'impose en quelque sorte avec le plus d'irréfutabilité comme le toujours-déjà-connu, et constituent, pour ainsi dire, le plus re-connaissable parmi le mathématique, que bientôt le nom de mathématique fut réservé à ce qui a trait aux nombres. Quant à lui, le déploiement essentiel du mathématique n'est à aucun degré déterminé par la numération. La physique, à son tour, est la connaissance de la nature en général, et, par la suite, la connaissance de la corporéité matérielle dans son mouvement en particulier ; car

1. Voir *Être et Temps*, § 69b, p. 362 : « Le décisif [...] ne réside ni dans l'estime accrue donnée à l'observation des "faits", ni même dans l'"application" des mathématiques pour la détermination des processus naturels, mais dans le *projet* mathématique de la nature. » Ce projet déploie un horizon préalable de compréhension, où la nature, *a priori*, ne se découvre intelligible que parlant une « langue mathématique ».
2. Vient du verbe *manthanein*, « apprendre ». Voir *Qu'est-ce qu'une chose ?* pp. 92-100.

c'est cette corporéité qui se montre immédiatement et partout – encore que de façons diverses – dans tous les phénomènes naturels. Si maintenant la physique prend expressément une tournure mathématique, cela signifie que, par elle et devant elle, d'une façon particulièrement aiguë, quelque chose est cité et arrêté par avance comme déjà connu. Cette détermination anticipée ne concerne rien moins que le projet de ce qui, pour la reconnaissance visée de la nature, sera désormais la nature : à savoir l'ensemble cohérent, fermé sur lui-même, des mouvements spatio-temporels de différents centres de gravité. Dans ce plan de la nature posé en tant que déterminé *a priori* sont comprises, entre autres, les indications suivantes : mouvement signifie changement de lieu ; aucun mouvement ni aucune direction de mouvement n'est privilégié par rapport aux autres ; chaque lieu est identique aux autres ; aucun moment du temps n'a de priorité sur un autre moment du temps ; toute force ne se définit que d'après, c'est-à-dire n'est que son effet quant au mouvement, qui n'est à son tour que grandeur du changement de lieu dans l'unité du temps. Tout phénomène doit être projeté et vu dans ce plan fondamental de la nature. Ce n'est même que dans la perspective de ce plan qu'un phénomène naturel peut devenir visible comme tel. Ce projet de la nature s'assure en ceci que la recherche physique se lie *a priori* à lui à chacun des pas de sa démarche exploratrice. La fidélité à ce jalonnement, qui est la rigueur propre de la recherche, a, conformément à ce projet, son caractère propre. Ainsi, la rigueur des sciences mathématiques de la nature est l'exactitude. Tous les phénomènes doivent être déterminés d'avance comme grandeurs spatio-temporelles de mouvement, pour seulement pouvoir arriver à être représentés comme phénomènes naturels. Pareille détermination s'accomplit avec la mesure effectuée à l'aide du nombre et du calcul. Mais l'exploration mathématique de la nature n'est pas exacte parce qu'elle calcule avec précision ; elle est contrainte à calculer ainsi parce que la liaison à son secteur d'objectivité a le caractère de l'exactitude. Au contraire, les sciences de l'esprit [1] *(Geisteswissenschaften)*, et même toutes les sciences qui ont en vue le vivant, doivent en toute nécessité, justement pour rester rigoureuses, s'établir hors de la dimension de l'exactitude. Il est vrai qu'on peut également concevoir le vivant comme une grandeur spatio-temporelle de mouvement, mais alors on ne saisit plus le vivant. La non-exactitude des sciences historiques de l'esprit, loin d'être un manque, n'est que l'accomplissement d'une exigence essentielle pour ce genre de recherche. En vérité, la projection et l'établissement du rayon d'ob-

1. En français, on parle plutôt des « sciences humaines ».

jectivité des sciences historiques sont non seulement d'un autre genre, mais demandent, par rapport à la pratique des sciences exactes, un labeur bien plus ardu.

« L'époque des "conceptions du monde" »,
in *Chemins qui ne mènent nulle part*, Gallimard, pp. 71-73.

La « programmation totale »

Toute science est, en tant que recherche, fondée sur le projet d'un secteur d'objectivité délimité ; elle est donc nécessairement science particulière. Toute science particulière doit nécessairement – dans le déploiement du projet par sa méthode – se spécialiser sur des champs délimités d'examen. Or, cette spécialisation n'est en aucune façon l'épiphénomène fatal dû à l'inextricabilité croissante des résultats de la recherche scientifique. Elle est non point un mal nécessaire, mais la nécessité essentielle de la science en tant que recherche. La spécialisation n'est pas la conséquence, mais la raison du progrès de toute recherche. La recherche ne se disperse pas dans sa progression, à examiner divers ordres de faits choisis n'importe comment, pour s'y perdre ensuite ; car la science moderne est déterminée par un troisième processus fondamental : le mouvement de l'exploitation organisée (*der Betrieb*[1]).

On entendra par là tout d'abord le phénomène selon lequel une science, qu'elle soit science de la nature ou science de l'esprit, n'atteint de nos jours vraiment à l'autorité de science que lorsqu'elle est devenue capable de s'organiser dans des instituts. Pourtant, la recherche n'est pas mouvement organisé parce que son travail se fait dans différents instituts. Au contraire, ce sont les instituts qui sont nécessaires parce que la science comme recherche a, en elle-même, ce caractère de mouvement d'exploitation organisée. Le procédé qui conquiert les différents secteurs d'objectivité ne fait pas qu'amasser des résultats. Il se réorganise plutôt lui-même, à l'aide de ses résultats, pour une nouvelle investigation. Ainsi, dans l'installation matérielle qui permet à la physique la désintégration de l'atome, est contenue toute la physique moderne depuis ses débuts. De même, les inventaires de sources de la recherche historique ne deviennent-ils mobili-

1. Ce terme, indique Heidegger dans un complément, « n'a aucun sens dépréciateur. Mais comme la recherche est organiquement organisation de son propre progrès », elle peut toujours sombrer dans « l'activisme » (*Betriebsamkeit*), l'organisationnisme pur. À noter que le mot *Betrieb*, formé à partir du verbe *treiben*, « pousser » (*der Trieb*, la « pulsion », l'instinct) renvoie au troisième trait caractéristique de l'attitude scientifique dans *Qu'est-ce que la métaphysique ?*

sables pour l'explication que si les sources elles-mêmes, en tant que telles, sont assurées à leur tour, et cela par des explications historiques. Au cours de ces processus, le procédé de la science se fait toujours encercler par ses résultats. Il s'oriente de plus en plus sur les diverses possibilités d'investigation qu'il s'est lui-même ouvertes. Cette obligation de se réorganiser à partir de ses propres résultats, en tant que voies et moyens d'une investigation progressante, constitue l'essence du caractère d'exploitation organisée de la recherche. Ce caractère, à son tour, est la raison interne qui rend nécessaire son caractère « institutionnel ». [...]

Que se passe-t-il dans l'extension et dans la consolidation du caractère institutif des sciences ? Rien moins que la sécurisation *(Sicherstellung)* de la primauté du procédé sur l'étant (Nature et Histoire), qui, dans la recherche, devient alors objectif. C'est ainsi, en vertu de leur caractère d'exploitation organisée, que les sciences réalisent leur cohésion et leur unité propres. C'est pourquoi une recherche historique ou archéologique pratiquée en institut est essentiellement plus proche de la recherche physique organisée selon le même principe que de n'importe quelle discipline de sa propre faculté littéraire qui en serait restée au stade de la pure érudition. Le déploiement décisif de ce caractère moderne de la science forge aussi un autre type d'homme. Le savant disparaît. Il est relayé par le chercheur, engagé dans des programmes de recherche. Ce sont en effet ceux-ci, et non pas l'entretien d'une érudition, qui donnent à son travail son atmosphère acérée. Le chercheur n'a plus besoin chez lui de bibliothèque. Il est d'ailleurs constamment en route : il délibère dans les sessions et s'informe dans les congrès. Il se lie en outre aux commandes des éditeurs, ces derniers ayant maintenant leur mot à dire au sujet des livres à écrire ou à ne pas écrire.

C'est que le chercheur est poussé de lui-même, et cela nécessairement, dans la sphère du technicien, au sens essentiel où nous prenons ce mot. Ce n'est qu'ainsi qu'il reste efficace, donc, dans l'esprit de l'époque, effectif et réel. À côté de lui, le romantisme de plus en plus mince et vide de l'érudition et de l'Université peut bien se maintenir encore quelque temps en quelques endroits. Cependant l'unité agissante et, par conséquent, la réalité de l'Université ne résident pas en un pouvoir spirituel[1] – émanant d'elle parce que nourri et gardé par elle – qui unifierait originellement l'ensemble des sciences. L'Université n'est réelle que dans la mesure où elle est une institution qui, sous une forme restée unique – parce qu'administrativement unie – rend possible et visible la séparation de toutes les sciences se particu-

1. Que Heidegger avait cherché à ranimer dans son Discours de rectorat de 1933.

larisant et, ainsi, l'unité particulière des sciences en tant que mouvements d'une exploitation organisée.

« L'époque des “conceptions du monde” »,
in *Chemins qui ne mènent nulle part,* Gallimard, pp. 76-78.

3. « La science ne pense pas »

La science ne pense pas. Voilà une phrase choquante. Laissons à cette phrase son caractère choquant, même si nous la complétons aussitôt par cette autre : que la science, cependant, a toujours quelque chose à voir – à sa manière particulière – avec la pensée. Ce rapport ne trouve sa forme authentique, et ne devient ensuite fructueux, que si le gouffre est devenu visible qui existe entre la pensée et les sciences, et même qui existe de telle façon qu'on ne peut y jeter de pont. Il n'y a pas ici de pont, il n'y a que le saut. C'est pourquoi toutes les passerelles de fortune, tous les ponts-aux-ânes qui, aujourd'hui précisément, voudraient permettre un courant d'échange commode entre la pensée et les sciences, sont entièrement mauvais. C'est pourquoi encore nous devons supporter maintenant, pour autant que nous venons des sciences, le caractère choquant et étrange de la pensée – à supposer que nous soyons prêts à apprendre la pensée.

Qu'appelle-t-on penser ? PUF, p. 26.

Cette phrase : la science ne pense pas, qui a fait tant de bruit lorsque je l'ai prononcée dans le cadre d'une conférence à Fribourg, signifie : la *science* ne se meut pas dans la *dimension de la philosophie.* Mais, sans le savoir, elle *se rattache* de cette dimension.

Par exemple : la physique se meut dans l'espace et le temps et le mouvement. La science en tant que science ne peut pas décider de ce qu'est le mouvement, l'espace, le temps. La science ne *pense* donc pas, elle ne *peut* même pas penser dans *ce* sens avec ses méthodes. Je ne peux pas dire, par exemple, avec les méthodes de la physique, ce qu'est la physique. Ce qu'est la physique, je ne peux que le penser à la manière d'une interrogation philosophique. La phrase : la science ne pense pas, *n'est pas un reproche,* mais c'est une simple *constatation* de la structure interne de la science : c'est le propre de son essence que, d'une part, elle dépend de ce que la philosophie pense, mais que, d'autre part, elle oublie elle-même et néglige ce qui exige *là* d'être pensé.

Entretien avec le professeur Richard Wisser,
in *Cahiers de l'Herne,* « Heidegger », p. 95.

Les tonalités fondamentales

1. Le concept d'angoisse (Kierkegaard)

Sören Kierkegaard a développé la plus énergique protestation contre la philosophie systématique hégélienne, qui tend à dissoudre l'individu et le singulier dans une universalité totale, comme l'État ou la collectivité. « Kierkegaard est saisi à l'avance d'épouvante et de fureur à la seule pensée qu'après sa mort des "professeurs" exposeront sa philosophie comme un système achevé d'idées réparties en sections, chapitres, paragraphes [1]. »

Kierkegaard est généralement considéré comme un des pères fondateurs des philosophies de l'existence. Heidegger s'en est évidemment inspiré et l'on trouve une longue note dans le § 40 d'*Être et Temps* (p. 190), consacré à l'angoisse comme « tonalité fondamentale du *Dasein* » : « Ce n'est pas un hasard si les phénomènes de l'angoisse et de la peur, qui restent couramment indissociés, sont entrés ontiquement et même, encore qu'en de très étroites limites, ontologiquement, dans le champ de vision de la théologie chrétienne. Cela s'est produit chaque fois que le problème anthropologique de l'être de l'homme par rapport à Dieu est passé au premier plan et que des phénomènes tels que la foi, le péché, l'amour et le repentir ont guidé le questionnement. » Suivent des références à saint Augustin et à Luther ; et la note se conclut ainsi : « Celui qui a poussé le plus loin dans l'analyse du phénomène de l'angoisse est S. Kierkegaard, et cela à nouveau dans le contexte théologique d'une exposition "psychologique" du problème du péché originel. Voir *Le Concept d'angoisse*, 1844. »

Alors que Heidegger reprend explicitement le concept kierkegaardien d'angoisse tel qu'il surgit du « rien » et tel qu'il se différencie d'avec la peur, il cherche à l'extraire de tout cadre psychologique et théologique. Néanmoins, on observera, dans l'extrait suivant, que la référence biblique ne doit pas être lue de manière dogmatique. Kierkegaard reproche à ses contemporains de lire le récit de la Genèse comme un récit historique de faits s'étant déroulés dans un passé (même mythique) ; or « Adam est le premier homme, il est à la fois lui-même et le genre humain », de même que nous le sommes chacun en notre individualité, à la fois cet être unique et le genre humain. Le péché originel ne se situe pas dans le passé, il arrive à chaque fois qu'un homme naît à lui-même dans son ensemble. Tout le contenu de la Genèse se concentre dans cette proposition spéculative : « Le péché est entré dans le monde par un péché. »

Sartre écrira : « Ce simple titre, *Le Concept d'angoisse*, est une provocation. Car l'angoisse, pour Kierkegaard, ne peut en aucun cas être l'objet d'un concept. » L'innocence qui constitue le point de départ de l'analyse de

1. Léon Chestov, *Kierkegaard et la philosophie existentielle*, Vrin, 1948.

l'angoisse doit se distinguer de l'immédiateté abstraite destinée à être dépassée dans la genèse de l'Esprit au savoir absolu. Contre le système hégelien, Kierkegaard, écrit Sartre, « prend pour point de départ la *personne*, envisagée comme non-savoir ». Ce non-savoir – l'angoisse *de rien* –, loin d'être un simple négatif, constitue l'ouverture de l'existence à ses propres possibilités. On peut ainsi lire, à la fin du *Concept d'angoisse* : « L'homme formé par l'angoisse l'est par le possible. [...] C'est pourquoi le possible est la plus lourde des catégories. [...] Prenez l'élève du possible, mettez-le au milieu des landes du Jütland où il ne se passe rien, où le plus grand événement est l'envol d'un coq de bruyère ; sa vie y sera plus pleine, plus exacte, plus riche d'expérience que celle de l'homme applaudi sur la scène de l'histoire, mais que n'a point formé le possible. » De la même manière, Heidegger définira en 1929 le *Dasein* comme un « être des lointains » formé par la « force tranquille du possible ». Les films de Bergman ou de Dreyer donnent bien à voir – psychologiquement, il est vrai – cette infinité du possible.

Dans cet état (d'innocence) il y a calme et repos ; mais en même temps il y a autre chose qui n'est cependant pas trouble et lutte ; car il n'y a rien contre quoi lutter. Mais qu'est-ce alors ? Rien. Mais l'effet de ce rien ? Il enfante l'angoisse. C'est là le mystère profond de l'innocence d'être en même temps de l'angoisse. Rêveur, l'esprit projette sa propre réalité qui n'est rien, mais ce rien voit toujours l'innocence hors de lui-même.

L'angoisse est une détermination de l'esprit rêveur, et, à ce titre, a sa place dans la psychologie. La veille pose la différence entre moi-même et cet autre en moi, le sommeil la suspend, le rêve la suggère comme un vague néant. La réalité de l'esprit se montre toujours comme une figure qui tente son possible, mais disparaît dès qu'on veut la saisir, et qui est un rien ne pouvant que nous angoisser. Davantage elle ne peut, tant qu'elle ne fait que se montrer. On ne voit presque jamais le concept de l'angoisse traité en psychologie, je fais donc remarquer sa complète différence d'avec la crainte et autres concepts semblables qui renvoient toujours à une chose précise, alors que l'angoisse est la réalité de la liberté parce qu'elle en est le possible. C'est pourquoi on ne la trouvera pas chez l'animal, dont la nature précisément manque de détermination spirituelle.

Si l'on considère alors les caractères dialectiques dans l'angoisse, on en constatera justement l'ambiguïté psychologique. L'angoisse est une *antipathie sympathique* et une *sympathie antipathisante*. Et je ne crois pas qu'on ait de peine à y voir une catégorie psychologique bien autrement riche que cette fameuse *concupiscentia* [1]. Le langage ici abonde en confirmations ; ne dit-on pas : la douce angoisse, ou encore : une angoisse étrange, une angoisse farouche, etc. ?

L'angoisse posée dans l'innocence n'est donc premièrement pas une faute, ni ensuite un fardeau qui vous pèse, ni une souffrance qui jurerait avec la béatitude de l'innocence. Observez l'enfance : vous y trouverez cette angoisse d'un dessin plus précis comme une quête d'aventure, de monstrueux, de mystère. Qu'il y ait des enfants chez qui elle n'existe pas, cela ne prouve rien, car elle n'existe pas non plus chez l'animal, et en effet, moins il y a d'esprit, moins il y a d'angoisse. Cette angoisse appartient si essentiellement à l'enfant qu'il ne veut s'en passer ; même si elle l'inquiète, elle l'enchante pourtant par sa douce inquiétude. Chez tous les peuples, où l'enfant se conserve comme une rêverie de l'esprit, cette angoisse existe, et sa profondeur même mesure la profondeur des peuples. Ce n'est que prosaïsme stupide d'y voir une désorganisation. L'angoisse ici a la même portée que la mélancolie à un stade bien ultérieur, où la liberté, après avoir parcouru les formes imparfaites de son histoire, doit se ressaisir jusqu'en son tréfonds. [...]

L'apparition même de l'angoisse est le centre de tout le problème. L'homme est une synthèse d'âme et de corps. Mais cette synthèse est inimaginable, si les deux éléments ne s'unissent dans un tiers. Ce tiers est l'esprit. Dans l'innocence, l'homme n'est pas seulement un simple animal, comme du reste, s'il l'était à n'importe quel moment de sa vie, il ne deviendrait jamais un homme. L'esprit est donc présent, mais à l'état d'immédiateté, de rêve. Mais dans la mesure de sa présence, il est en quelque sorte un pouvoir ennemi ; car il trouble toujours ce rapport entre l'âme et le corps qui subsiste certes sans pouvoir subsister, puisqu'il ne prend subsistance que par l'esprit. D'autre part, l'esprit est une puissance amie, désireuse justement de constituer le rapport. Quel est donc le rapport de l'homme à cette équivoque puissance ? Quel, celui de l'esprit à lui-même et à sa condition ? Ce rapport est l'angoisse. Être quitte de lui-même, l'esprit ne le peut ; mais se saisir, non plus, tant qu'il a son moi hors de lui-même ; sombrer dans la vie végétative, l'homme ne le peut pas non plus, étant déterminé par l'esprit ; fuir l'angoisse, il ne le peut, car il l'aime ; l'aimer vraiment, non plus, car il la fuit. À ce moment, l'innocence culmine. Elle est ignorance, mais non animalité de brute ; elle est une ignorance que détermine l'esprit, mais qui est justement de l'angoisse

1. La concupiscence, le désir pour ce qui ne nous appartient pas, un des sept péchés capitaux (voir surtout saint Augustin).

parce que son ignorance porte sur du néant. Il n'y a pas ici de savoir du bien et du mal, etc. ; toute la réalité du savoir se projette dans l'angoisse comme l'immense néant de l'ignorance.

À ce moment encore l'homme est dans l'innocence, mais il suffit d'un mot, pour que l'ignorance déjà soit concentrée. Mot incompréhensible naturellement pour l'innocence, mais l'angoisse a comme reçu sa première proie, au lieu du néant, elle a eu un mot énigmatique. Ainsi quand, dans la Genèse, Dieu dit à Adam : « Mais tu ne mangeras pas des fruits de l'arbre du bien et du mal », il est clair qu'au fond Adam ne comprenait pas ce mot ; car comment comprendrait-on la différence du bien et du mal, puisque la distinction ne se fit qu'avec la jouissance ?

Si l'on admet que la défense éveille le désir, on a alors, au lieu d'ignorance, un savoir, car il faut en ce cas qu'Adam ait eu connaissance de sa liberté, son désir étant de s'en servir. C'est là une explication après coup. La défense inquiète Adam, parce qu'elle éveille en lui la possibilité de la liberté. Ce qui s'offrait à l'innocence comme le néant de l'angoisse est maintenant entré en lui-même, et ici encore reste un néant : l'angoissante possibilité de *pouvoir*.

Le Concept d'angoisse, chap. I, § 5,
trad. K. Ferlov et J.-J. Gateau, Gallimard.

2. L'inquiétante étrangeté (Freud)

Das Unheimliche parut en 1919. Rien ne prouve que Heidegger l'ait lu, rien ne l'exclut non plus ; mais les divergences dans l'interprétation de ce phénomène sont suffisantes pour rendre impossible toute idée d'influence ; elles servent aussi à mesurer l'écart entre la psychanalyse et l'analytique existentiale, même si celle-ci donna lieu à une forme de psychanalyse existentielle. Freud situe le phénomène dans « un domaine situé à l'écart et négligé par la littérature esthétique spécialisée ».

Tel est le domaine de l'« inquiétante étrangeté ». Il ne fait pas de doute qu'il ressortît à l'effrayant, à ce qui suscite l'angoisse et l'épouvante, et il n'est pas moins certain que ce mot n'est pas toujours employé dans un sens dont on puisse donner une définition précise, de sorte que, la plupart du temps, il coïncide tout bonnement avec ce qui suscite l'angoisse en général [1].

1. Sigmund Freud, *L'Inquiétante Étrangeté*, trad. B. Féron, Gallimard, 1985, « Connaissance de l'inconscient », pp. 213-214. Par la suite, cité avec le sigle F.

Freud se livre à une étude linguistique détaillée du mot :

Le mot allemand *unheimlich* est manifestement l'antonyme de *heimlich, heimisch* (du pays), *vertraut* (familier), et l'on est tenté d'en conclure qu'une chose est effrayante justement pour la raison qu'elle n'est *pas* connue ni familière. Mais il est évident que n'est pas effrayant tout ce qui est nouveau et non familier ; la relation n'est *pas* réversible. (F, 215.)

En tentant d'aller au-delà de l'équation *unheimlich* = non familier, Freud se tourne d'abord vers d'autres langues, mais il constate que le mot qui désignerait précisément cette catégorie de l'effrayant fait le plus souvent défaut. (En français, le dictionnaire donne « inquiétant, sinistre, lugubre, mal à l'aise », et que la notion de « chez soi » (*Heim*) n'apparaît pas, à moins d'ajouter l'« étrangeté ». Par contre, la présence de deux adjectifs, « étrange » et « étranger », permettrait de mieux saisir le problème : tout étranger n'est pas étrange, bien qu'il soit souvent perçu ainsi, et même inquiétant.) Après avoir reproduit *in extenso* le long article sur *Heimlich* tiré du *Dictionnaire de la langue allemande* de Sanders (1860), Freud écrit :

Ce qui ressort pour nous de plus intéressant de cette longue citation, c'est que parmi ses multiples nuances de signification, le petit mot *heimlich* en présente également une où il coïncide avec son contraire *unheimlich*. Ce qui est *heimlich* devient alors *unheimlich*. [...] Cela nous rappelle plus généralement que ce terme de *heimlich* n'est pas univoque, mais qu'il appartient à deux ensembles de représentation qui, sans être opposés, n'en sont pas moins fortement étrangers, celui du familier, du confortable, et celui du caché, du dissimulé. *Unheimlich* ne serait usité qu'en tant qu'antonyme de la première signification, mais non de la seconde. Sanders ne nous éclaire pas du tout sur la question de savoir s'il ne faudrait tout de même pas faire l'hypothèse d'une relation générique entre les deux relations. Notre attention est attirée en revanche par une remarque de Schelling, qui énonce quant au contenu de *Unheimlich* quelque chose de tout à fait nouveau et à quoi notre attente n'était certainement pas préparée. Serait *unheimlich* tout ce qui devrait rester un secret, dans l'ombre, et qui en est sorti. (F, 221-222.)

Cette remarque est confirmée par une note du *Dictionnaire des frères Grimm* : « à partir du natal (*heimatlich*), du domestique (*häuslichen*), se développe par dérivation le concept de ce qui est soustrait à des yeux étrangers, dissimulé, secret (*geheim*) ». Cette piste du secret va évidemment orienter Freud sur le sexe : les « parties honteuses », ou *pudenda,* du corps sont dites *heimlich.* Mais l'ambivalence du mot – Freud s'était intéressé dès 1910 au « sens opposé des mots originaires » – ne suffit pas à éclaircir l'origine du phénomène. Pour ce faire, Freud va se tourner vers des « cas », mais – étrangement – des cas littéraires, dans le genre dit « fantastique ».

Le plus fameux est celui de « L'Homme au sable », tiré des *Contes* d'Hoffmann. On ne résumera pas le récit ici. Contentons-nous de donner le point de départ, tel qu'il est expliqué par la bonne à l'enfant Nathanaël : « C'est un homme méchant, qui vient auprès des enfants quand ils ne veulent pas aller au lit, et qui leur jette du sable à poignées dans les yeux, de sorte que ceux-ci jaillissent de la tête tout sanglants, alors il les jette dans un sac et les apporte au clair de la demi-lune pour en repaître ses petits-enfants » (F, 226). Selon Freud, il ne peut plus être question d'une vague « incertitude intellectuelle » ; mais le récit avec sa logique singulière n'a également rien à voir avec « les élucubrations fantasmatiques d'un fou, derrière lesquelles nous pourrions reconnaître, au nom de quelque supériorité rationaliste, les choses telles qu'elles sont ».

En revanche, l'expérience psychanalytique nous met en mémoire que c'est une angoisse infantile effroyable que celle d'endommager ou de perdre ses yeux. Beaucoup d'adultes sont restés sujets à cette angoisse et ils ne redoutent aucune lésion organique autant que celle de l'œil. N'a-t-on pas d'ailleurs l'habitude de dire qu'on tient à quelque chose comme à la prunelle de ses yeux ? L'étude des rêves, des fantasmes et des mythes nous a ensuite appris que l'angoisse de perdre ses yeux, l'angoisse de devenir aveugle est bien souvent un substitut de l'angoisse de castration. Même l'auto-aveuglement du criminel mythique Œdipe n'est qu'une atténuation de la peine de castration qui eût été la seule adéquate selon la loi du talion. (F, 231.)

De l'angoisse de castration, Freud passe à celle du « double » (étudiée par Otto Rank en 1914). D'abord chargé d'assurer la survie de l'*ego* (« il est probable que l'âme "immortelle" a été le premier double du corps »), le double est une représentation infantile qui a poussé sur le terrain « de l'amour illimité de soi, celui du narcissisme primaire » ; mais, avec le dépassement de ce stade infantile, « le signe dont est affecté le double se modifie ; d'assurance de survie, il devient l'inquiétant (*unheimlich*) avant-coureur de la mort » (F, 237). Ces représentations infantiles, loin de disparaître, se trouvent *refoulées* dans l'inconscient, et subissent alors un déplacement qui les rend *unheimlich.* Après avoir évoqué l'*animisme,* Freud avance deux remarques décisives pour son interprétation psychanalytique de l'*Unheimlichkeit* :

Premièrement, si la théorie psychanalytique a raison quand elle affirme que tout affect qui s'attache à un mouvement émotionnel, de quelque nature qu'il soit, est transformé par le refoulement en angoisse, alors, il faut que se détache parmi les cas de l'angoissant un groupe dont on puisse démontrer que cet angoissant-là est quelque chose de refoulé qui fait retour. Cette espèce de l'angoissant serait justement l'étrangement inquiétant, et dans ce cas, il doit être indifférent qu'il ait été lui-même angoissant à l'origine ou qu'il ait été porté par un autre affect. Deuxièmement, si là est réellement la nature secrète (*geheim*), nous comprenons que l'usage linguistique fasse passer le *Heimlich* en son contraire, le *Unheimlich*, puisque cet *Unheimlich* n'est en réalité rien de nouveau ou d'étranger, mais quelque chose qui est pour la vie psychique familier de tout temps, et qui ne lui est devenu étranger que par le processus de refoulement. (F, 245-246.)

Comme exemple, Freud citera notre relation à la mort.

La proposition : tous les hommes sont mortels, a beau parader dans les manuels de logique comme modèle d'affirmation universelle, aucun homme ne se résout à la tenir pour évidente, et il y a dans notre inconscient actuel aussi peu de place que jadis pour la représentation de notre propre mortalité. (F, 247.)

C'est sur cette question que Freud diverge le plus de Heidegger : dans la mesure où l'analytique existentiale prend comme sens de l'être la *temporalité*, il ne peut y avoir aucune place pour l'inconscient qui, dit ailleurs Freud, ignore le temps. Pour le reste, et notamment la théorie du refoulement et du retour du refoulé dans l'angoisse, on notera que le « refoulement » est aussi présent dans *Qu'est-ce que la métaphysique ?*

3. L'ennui

En 1929, Heidegger donne un cours intitulé « Les concepts fondamentaux de la métaphysique[1] », dont la première partie est consacrée à « l'éveil d'une tonalité fondamentale de notre philosophie » : l'ennui. Titre paradoxal : quoi de plus ennuyeux que l'ennui, et dès lors, pourquoi y consa-

1. Voir **Bibliographie**. Nous citons selon l'édition allemande de la *Gesamtausgabe*. On se reportera aussi à nos *Solitudes*, Galilée, 1989, pp. 135-153.

crer tant de temps ? pourquoi, surtout, vouloir l'*éveiller,* au lieu de l'éviter ? et l'éveiller comme cette tonalité qui pourrait réveiller la philosophie à sa tâche propre ?

Le choix de l'ennui s'explique de deux manières. D'abord, on pouvait croire, à l'époque, que l'angoisse est la seule « tonalité fondamentale » d'une philosophie que l'on commençait à répertorier comme « existentielle », sinon existentialiste. Or l'angoisse n'est qu'une tonalité parmi d'autres et, si elle a un privilège ontologique en tant qu'elle révèle le néant, elle est essentiellement rare. L'ennui, au contraire, est un état on ne peut plus courant. Or la quotidienneté est le *point de départ* de l'analytique existentiale. Contre la philosophie rationaliste, Heidegger montre que les « humeurs » – ainsi peut-on traduire *Stimmung,* la « tonalité » (voir **Glossaire** : tonalité, p. 140) – précèdent tout jugement, et même constituent la source primordiale de la connaissance, ou plutôt de la « révélation » du monde *dans* lequel l'on vit. On est toujours déjà disposé selon une certaine *Stimmung.* D'abord et le plus souvent, ce sont seulement les affects extrêmes (joie, angoisse) que nous remarquons. « Déjà moins remarquables sont une légère anxiété ou un plaisir fugitif. Et apparemment pas là, et pourtant là, est cette atonie (*Ungestimmtheit*) où nous ne sommes disposés ni bien ni mal » (*Être et Temps,* p. 102). Cette atonie peut même se déployer, dans l'ennui, à la hauteur d'une *passion.* Rien de moins insignifiant que l'insignifiance : elle révèle, au contraire, le degré zéro de l'existence, son fond, toujours empreint de *négativité.*

La seconde raison pour laquelle Heidegger s'attarde aussi longtemps sur un phénomène apparemment aussi insignifiant et déprimant que l'ennui, c'est qu'il a un objectif précis : ce que nous, Français, nommons « ennui », avec une vague connotation morale et religieuse (de Pascal à Baudelaire ou Flaubert), l'allemand le dit en termes de temporalité : *die Langeweile,* à la lettre « le temps long ». On saisit là une première application concrète de *Être et Temps.* L'ennui a une fonction ontologique : révéler la puissance du temps sur l'être humain. En effet, surtout dans sa forme ultime, il détache le *Dasein* des choses et des soucis quotidiens, et lui permet ainsi d'envisager le *vide* de son existence, vide où il pourra trouver la ressource d'un *retournement* complet, et trouver son *authentique* manière d'être, son « pouvoir-être ». Heidegger distingue trois degrés de l'ennui :

L'ennui banal

On est ennuyé par quelque chose, que ce soit un livre, un spectacle, une situation ou quelqu'un. Heidegger donne comme exemple l'attente d'un train dans une gare de province, une ville sans intérêt, où il n'y a rien à faire… Du coup, on emploie le temps à le faire passer ; mais, dans la recherche compulsive de passe-temps, on fait aussi l'expérience du temps comme nous résistant : le temps, en fait, ne passe pas ; trop long, il se retient et nous retient avec lui. Ce **suspens** (*Hingehaltenheit*) marque le premier trait structuel de l'ennui. Ainsi arrêtés, retenus, nous faisons l'expérience de l'énigmatique puissance du temps, qui nous oppresse comme un brouillard à couper au couteau. Le temps nous oppresse par son vide, et c'est ce vide que les passe-temps cherchent désespérément à meubler, ce qui a pour conséquence inévitable de renforcer encore l'ennui. Les distractions cherchées n'ont en fait aucun intérêt : on s'occupe juste pour occuper le temps, qui ne passe toujours pas. Ainsi ressort le second trait structurel de l'ennui : **l'évidement** (*Leergelassenheit*). Ce vide n'est pas un anéantisssement réel : au contraire les choses (la gare, les platanes autour) sont là, trop présentes même ; mais elles ne nous disent rien, s'enfoncent dans une royale in-différence. Que ce soit ou non notre faute, il ne s'agit pas de savoir *pourquoi* nous nous ennuyons, mais bien *ce qui* nous ennuie. Or une chose ne peut pas être *en soi* ennuyeuse. On peut bien incriminer la gare ou les salles d'attente : en fait, *rien* n'est responsable de l'ennui, rien que le vide du temps mort. Lorsqu'on a compris cela, on est passé à la seconde forme d'ennui : non pas être ennuyé par quelque chose, mais, juste, s'ennuyer, à telle ou telle occasion.

L'ennui intermédiaire

Apparaît donc le facteur que l'on pourrait appeler « subjectif » : on peut s'ennuyer davantage à passer cinq minutes dans une soirée pourtant animée qu'à attendre quatre heures un train dans une gare déserte. « Davantage » n'a rien à voir avec la durée objective, quantifiable de l'ennui, mais signifie un approfondissement de l'affect. En même temps qu'il pénètre davantage les « racines de notre *Dasein* », l'ennui se détache de tout objet déterminé. C'est pourquoi l'exemple sera moins facile à trouver, et moins probant. Ainsi d'une soirée, qui peut même avoir été réussie ; et pourtant, une fois rentré chez soi, on doit convenir qu'on s'y est ennuyé « à mourir ». Mais par quoi ? Impossible de savoir. En fait, c'est toute la soirée qui était devenue un passe-temps, relativement agréable par ailleurs. Il n'y avait rien de particulièrement ennuyeux. L'ennui est ailleurs, dans un autre rapport au temps. Celui-ci ne nous oppresse plus, nous ne regardons pas sans arrêt notre montre ; bien plutôt nous prenons tout « notre » temps. Le temps n'est plus traînant, trop lent ; simplement, il s'étend, et cette extension est d'autant plus perfide qu'elle n'est pas limitée. À l'arrivée du train, l'ennui cesse ; à la fin de la soirée, l'ennui continue et peut-être même gagne en profondeur. Mais, dans ce cas, selon Heidegger, le rapport est déjà plus authentique : perdre son temps, en s'y abandonnant comme à un océan, et accepter la pure durée vide, révèle une « sérénité » (une *Gelassenheit*) bien plus profonde que l'hystérie de qui cherche désespérément des occupations pour *fuir* le néant quotidien.

Avec la seconde forme, s'ennuyer sans motif, *pour rien*, on passe d'un vide horrifiant, à boucher par tous les moyens, d'une danse de saint-Gui frénétique et désespérée à un relâchement, une indolence paisible, quoique toujours inhibée. L'ennui est là, il devient inutile de songer aux moyens de le chasser. Il est là, mais en a-t-on vraiment touché le *fond* ?

L'ennui profond

On parvient ainsi au dernier degré : l'ennui profond, où l'on s'ennuie tellement que l'on ne sait plus non seulement ce qui nous ennuie, mais *qui* s'ennuie. L'impersonnel est de rigueur, qui s'exprime dans la phrase : *es ist einem langweilig*, que l'on pourrait traduire par : « il y ennuie », sur le modèle d'un « il y a ». (Notons que la même structure gouverne la phrase qui caractérise l'angoisse dans notre texte, p. 50 : *es ist einem unheimlich*, « on se sent oppressé », traduit Corbin.) « Il », c'est ça, un neutre comme le *Dasein*, indéterminé et inconnu. Et ça arrive à quelqu'un *(einem)*, mais un quelqu'un qui n'est plus *personne* : ni moi ni toi, ni davantage nous ou vous. « Nom, condition, profession, fonction, âge et histoire, le "mien" et le "tien", tout cela se détache, tombe. [...] Que reste-t-il ? Un Je en général ? Pas du tout. En effet, cet ennui n'accomplit nulle *abstraction*, nulle généralisation. » (*Être et Temps*, p. 203.)

Y a-t-il seulement un exemple de cet ennui ? Non. Cela ne veut pas dire qu'il n'a pas lieu, mais que tout exemple est impropre. L'ennui n'est lié à aucune occasion, et pas davantage à quelqu'un. Contre lui, il n'est pas de remède. Bien plus, il est non seulement vain, mais – presque – criminel de vouloir le chasser. Car il nous *faut* prêter l'oreille à ce qu'il veut dire, sans mots, à cette voix (*Stimme*) qui nous impose le silence : la voix du *Dasein lui-même*, qu'il nous faut être personne sauf le « là » même. Tout devient indifférent, mais cette indifférence marque la *différence même* : l'*Être* ne s'ouvre que lorsque tout, les choses et nous compris, est évidé. Ce qui s'impose, ce n'est plus tel ou tel étant ; dans le brouillard où l'ennui enveloppe tout, c'est tout, précisément, qui se refuse, mais ce refus en bloc de l'étant laisse la place pour *autre chose*.

C'est là que s'amorce le tournant. Que dit ou veut dire l'ennui profond ? Il interdit tout, mais aussi libère du tout. Il renvoie le *Dasein* mis à nu à ses possibilités extrêmes « laissées en friche ». L'interdit jeté sur l'étant en bloc renvoie à une « ampleur » autre, un espace sans déterminations, mais si spacieux qu'il ravit, presque au sens de l'extase mystique. Au demeurant, l'expérience de l'ennui profond a quelque chose de la nuit des mystiques. Plus de place pour un *ego* limité (ou même abstrait), mais à la place un espace libre à perdre de vue. Le *Dasein*, rendu indifférent à tout, y compris à soi (ce « soi » qu'on pense être mais qui n'est que cet On même), semble appauvri jusqu'à la raréfaction et l'exténuation suprêmes, mais, dans un triomphal renversement, il lui est donné l'expérience la plus propre : n'être que ça, le « là » (*Da*). Cette « merveilleuse absence de contenu » le transporte au lieu même où il peut *être*, rien qu'être. Le vide où il est tenu en suspens, loin de « soi » et de tout, le porte sur la pointe même du là, pointe que Heidegger (après Kierkegaard) nomme l'instant (*Augenblick*).

Ce qu'il faut penser, ce n'est pas la mutation d'une humeur subjective, déprimante comme l'est l'ennui, en une autre qui serait son contraire ; l'ennui profond ne tourne pas à l'intérêt absolu (si c'est là le contraire de l'ennui, ou si l'ennui a un contraire) comme par miracle, et pourvu qu'on ait fait le voyage au bout de l'ennui. Car l'ennui profond n'a justement *pas* de fond, il flotte « comme un brouillard silencieux sur les abîmes (*Abgründen* : dé-fonds) du *Dasein* », ou bien il *est* le fond, mais le fond de *rien*, ou le fond *comme* ce rien qui porte et supporte toute existence. Ce qui tourne, dans l'expérience de cet abyssal fond, ce n'est pas l'ennui (car alors, l'ennui cèderait juste la place à une autre tonalité), c'est le temps *dans* l'ennui. Le temps arrêté, suspendu et vide, où *tout* est devenu indifférent donne lieu à cela même qu'il re-tient prisonnier : le *Dasein* nu, sans personne qui l'habite, ou juste cet habiter lui-même comme la *possibilité d'être le là*. Et c'est à partir de là, seulement, dans la pointe de l'instant, que le *Dasein* peut s'ouvrir à « soi », c'est-à-dire – en allemand la décision se dit comme une ouverture : *Ent-schlossenheit* – se décider comme « propre ».

En conclusion, on citera les passages suivants, qui ont une résonance politique inquiétante et un ton presque apocalyptique :

Ce n'est pas cette misère sociale, cette confusion politique, cette impuissance de la science, cet appauvrissement de l'art, cette désolation de la philosophie, cette faiblesse de la religion – ce n'est pas cela l'urgence ou la détresse (*die Not*), que telle ou telle urgence nous oppresse de telle ou telle façon ; mais la menace la plus profonde et la plus cachée, c'est bien plutôt l'*absence de toute menace essentielle sur notre Dasein en entier*. (GA29, p. 244.)

Après s'être démarqué de toute psychologie et même de la psychanalyse – alors tenue pour libératrice et révolutionnaire –, Heidegger propose sa version de l'« engagement » :

Questionner en direction de cette tonalité fondamentale, cela ne signifie pas continuer à justifier et à faire fonctionner l'humanité actuelle de l'homme, mais au contraire libérer l'humain en l'homme, libérer l'humanité de l'homme, c'est-à-dire libérer l'*essence* de l'homme, *laisser devenir essentiel* le *Dasein* en lui. Cette libération du *Dasein* dans l'homme ne revient pas à placer celui-ci dans l'arbitraire mais à le charger du *Dasein* comme de son fardeau le plus propre. Seul celui qui peut se donner vraiment un fardeau est libre. (GA29, p. 248.)

4. L'étonnement

Le premier et, pour autant que je sache, le seul, qui ait parlé du penser comme d'un *pathos*, d'une épreuve qui fond sur quelqu'un et qu'il doit endurer, fut Platon qui, dans le *Théétète* (155*d*), nomme l'étonnement début de la philosophie, sans, bien sûr, avoir en vue par là la simple surprise qui naît en nous quand nous rencontrons quelque chose d'étrange. Car l'étonnement qui est le début de la philosophie – tout comme la surprise est le début des sciences – vaut pour le quotidien, l'évident, le parfaitement connu et reconnu ; cela est aussi la raison pour laquelle il ne peut être réduit par aucune connaissance. Heidegger parle une fois, tout à fait au sens de Platon, du « pouvoir de s'étonner devant le simple », mais il ajoute à la différence de Platon : « *et accepter cet étonnement comme séjour*[1] ». Cette adjonction me paraît décisive pour une réflexion sur celui qu'est Martin Heidegger. Il est permis d'espérer que beaucoup d'hommes, peut-être, connaissent le penser et la solitude qui lui est liée ; mais ils n'ont certes pas là leur séjour, et si l'étonnement devant le simple les saisit et que, déférant à l'étonnement, ils se laissent engager dans le penser, ils savent qu'ils sont arrachés au séjour qui leur est imparti dans le *continuum* des affaires et des activités où s'accomplissent les préoccupations humaines, et qu'ils y retourneront après un court moment. Le séjour dont parle Heidegger se trouve donc, métaphoriquement parlant, à l'écart des demeures des hommes ; et quelque tempête qui puisse éclater en cet endroit, elle sera toujours d'un degré plus métaphorique que lorsque nous parlons des tempêtes de l'époque. Mesuré aux autres lieux du monde, aux lieux des affaires humaines, le séjour du penseur est un « lieu de calme » (*Ort der Stille*).

Hannah Arendt, « Martin Heidegger ».

L'étonnement a en commun avec l'angoisse : 1. la mise en suspens des choses, de l'étant en sa totalité ; 2. l'arrachement au séjour familier, l'« inquiétante étrangeté ». Pour l'un comme pour l'autre, quoique différemment, l'étant se montre sous un jour étrange, celui de son être. L'étonnement peut venir de l'angoisse, et tous deux se tiennent sous un charme, une fascination par quoi l'être lui-même, le « que c'est » (et non rien) se révèle.

1. « *Alèthéia* », dans *Essais et Conférences*, p. 313.

Platon dit : « Il est vraiment tout à fait d'un philosophe, *ce pathos* – s'étonner ; car il n'y a pas d'autre départ régissant *(archè* [1]*)* la philosophie que celui-ci. » [...]

Aristote dit la même chose : « C'est par et à travers l'étonnement que les hommes sont parvenus, aussi bien maintenant qu'à l'origine, au départ qui ne cesse de régir l'acte de philosopher. » [...]

Prétendre que Platon et Aristote se bornaient ici à constater que l'étonnement soit la cause du philosopher serait bien superficiel, et ce serait par-dessus tout penser d'une manière bien étrangère au grec. Si telle était leur opinion, alors il faudrait dire : un beau jour, les hommes se sont étonnés, et cela à propos de l'étant, du fait qu'il est et de ce qu'il est. Stimulés par cet étonnement, ils ont commencé à philosopher. Mais aussitôt que la philosophie se fut mise en marche, l'étonnement en tant qu'impulsion devint superflu ; ainsi disparut-il. Il pouvait disparaître puisqu'il n'était qu'une incitation. Mais l'étonnement est *archè* – il régit d'un bout à l'autre chaque pas de la philosophie. L'étonnement est *pathos*. Nous traduisons d'ordinaire *pathos* par passion, bouillonnement affectif. Mais *pathos* est en connexion avec *paschein*, souffrir, patienter, supporter, endurer, se laisser porter par, céder à l'appel de... Il est téméraire, comme toujours en pareilles occurrences, de traduire *pathos* par disposition[2], en quoi nous avons en vue la convocation accordante et la vocation déterminante. Mais il nous faut toutefois risquer cette traduction, parce qu'elle seule nous préserve de nous représenter le *pathos* au sens de la psychologie moderne. C'est seulement si nous comprenons le *pathos* comme disposition que nous pouvons aussi caractériser d'une manière plus précise le *thaumazein*[3], l'étonnement. Dans l'étonnement, nous sommes en arrêt. C'est comme si nous faisions recul devant l'étant – devant le fait qu'il est, et qu'il est ainsi, et qu'il n'est pas autrement. Mais l'étonnement ne s'épuise pas dans ce retrait devant l'être de l'étant. L'étonnement est, en tant qu'un tel retrait et qu'un tel arrêt, en même temps arraché vers et pour ainsi dire enchaîné par ce devant quoi il fait retraite. Ainsi l'étonnement est cette dis-position dans laquelle et pour laquelle s'ouvre l'être de l'étant. L'étonnement est la disposition à l'intérieur de laquelle, pour les philosophes grecs, la correspondance à l'être de l'étant se trouvait accordée.

Qu'est-ce que la philosophie ?, trad. J. Beaufret et K. Axelos,
in *Questions II*, Gallimard, pp. 32-34.

---

1. *Archein* a le double sens de « commencer » et de « commander » (voir « archonte », « hiérarchie »).
2. *Stimmung*. Voir **Glossaire** : tonalité, p. 140.
3. Voir *thauma*, la « merveille » (« thaumaturge ») ; à rapprocher de *théa*, la « vue » (présent dans *theoria*) et *théatron*, le « théâtre ».

La question fondamentale de la métaphysique

1. Leibniz (1646-1716)

(7) Jusqu'ici nous n'avons parlé qu'en simples *physiciens* : maintenant il faut s'élever à la *métaphysique*, en nous servant du *grand principe*, peu employé communément, qui porte que *rien ne se fait sans raison suffisante ;* c'est-à-dire que rien n'arrive sans qu'il soit possible à celui qui connaîtrait assez les choses de rendre une raison qui suffise pour déterminer pourquoi il en est ainsi, et non pas autrement. Ce principe posé, la première question qu'on a droit de faire sera : *Pourquoi il y a plutôt quelque chose que rien ?* Car le rien est plus simple et plus facile que quelque chose. De plus, à supposer que des choses doivent exister, il faut qu'on puisse rendre raison *pourquoi elles doivent exister ainsi,* et non autrement.

(8) Or, cette raison suffisante de l'existence de l'univers ne se saurait trouver dans la suite des choses contingentes, c'est-à-dire des corps et de leurs représentations dans les âmes ; parce que la matière étant indifférente en elle-même au mouvement et au repos, et à un mouvement tel ou tel autre, on n'y saurait trouver la raison du mouvement, et encore moins d'un tel mouvement. Et quoique le présent mouvement qui est dans la matière vienne du précédent, et celui-ci encore du précédent, on n'en est pas plus avancé, quand on irait aussi loin que l'on voudrait ; car il reste toujours la même question. Ainsi, il faut que la *raison* suffisante, qui n'ait plus besoin d'une autre raison, soit hors de cette suite des choses contingentes, et se trouve dans une substance qui en soit la cause, et qui soit un être nécessaire, portant la raison de son existence avec soi ; autrement on n'aurait pas encore une raison suffisante où l'on puisse finir. Et cette dernière raison des choses est appelée *Dieu.*

Extraits des *Principes de la nature et de la grâce fondés en raison.*

1. Il est une *Raison* dans la Nature pour laquelle quelque chose existe plutôt que rien. Ceci est la suite de ce grand principe, que rien ne se fait sans raison, et portant aussi que pourquoi ceci existe plutôt qu'autre chose doit être fondé en raison.

2. Cette raison doit être en quelque étant réel ou cause. En effet, la cause n'est rien d'autre qu'une raison réelle [...].

3. Cet étant doit être nécessaire [...] et constitue la raison ultime des choses ; on a coutume de l'appeler d'un seul mot : Dieu.

Extraits des *Vingt-Quatre Propositions* [1].

2. Heidegger

La question de l'Être débouche sur celle, fondamentale, de la métaphysique, formulée par Leibniz ainsi : *Pourquoi il y a plutôt quelque chose que rien ?*

Dans la mesure où cette question, selon la manière traditionnelle de la métaphysique, questionne encore sur le plan causal en suivant le fil directeur du pourquoi ? la pensée tournée vers l'Être est reniée totalement au profit de la connaissance par représentation de l'étant issue de l'étant. [...]

La conférence retombe-t-elle de la sorte en deçà de son propre projet, ce qui en soi serait possible, par la difficulté du passage de la métaphysique à l'autre pensée[2] ? Pose-t-elle à son terme, avec Leibniz, la question métaphysique de la Cause suprême de toutes les choses étantes ? Pourquoi, dès lors, comme il serait de mise, le nom de Leibniz n'est-il pas prononcé ?

À moins que la question ne soit posée en un tout autre sens ? Si elle n'enquête pas sur l'étant et ne recherche pas pour lui la Cause première étante, la question doit s'appliquer à ce qui n'est pas l'étant. Cela même, la question le nomme et l'écrit en grand : c'est le rien, que la conférence a pour unique thème. Il semble normal d'exiger que soit examinée enfin de façon approfondie la fin de cette conférence, à partir de l'horizon particulier qui d'un bout à l'autre la commande. Ce qu'on appelle la question fondamentale de la métaphysique serait alors à accomplir, sur le plan de l'ontologie fondamentale, en tant que question issue du fondement de la métaphysique et question portant sur ce fondement.

Mais comment, dès lors, si nous admettons que la conférence à son terme reste fidèle à son propos, faut-il comprendre cette question ?

Répétons-la : Pourquoi est-il en somme de l'étant et non pas plutôt rien ? À supposer que nous ne pensions plus métaphysiquement selon la manière habituelle à l'intérieur de la métaphysique, mais qu'au contraire, à partir de l'essence et de la vérité de la métaphysique, nous pensions la vérité de l'Être, cette question peut égale-

1. Citées en latin (et non traduites) par Heidegger dans le second volume de son *Nietzsche*, pp. 363-365.
2. Celle que Heidegger entreprendra à partir des années 40, d'un « dépassement de la métaphysique ».

ment se formuler : D'où vient que partout l'étant ait prééminence et revendique pour soi tout « est », tandis que ce qui n'est pas un étant, le rien compris de la sorte comme l'Être lui-même, reste oublié ? D'où vient qu'il n'en soit proprement rien de l'Être et que le rien proprement ne déploie pas son essence ? Est-ce d'ici que vient à toute métaphysique cette fausse certitude inébranlée que l'« Être » se comprend de lui-même et qu'en conséquence le rien se fait plus facile que l'étant ? Ainsi en est-il en fait de l'Être et du rien. S'il en était autrement, Leibniz ne pourrait pas écrire en commentaire au passage cité : « Car le rien est plus simple et plus facile que quelque chose. »

De ces deux choses que reste-t-il de plus énigmatique : que l'étant soit ou que l'Être soit ? Ou ne parvenons-nous pas encore, par cette réflexion, à la proximité de l'énigme qui est advenue avec l'être de l'étant ?

Quelle que puisse être la réponse à cette question, le temps devrait être maintenant venu d'examiner enfin de façon approfondie, à partir de sa fin, la conférence si souvent combattue « Qu'est-ce que la métaphysique ? », je dis bien de *sa* fin et non d'une fin imaginaire.

Le retour au fondement de la métaphysique,
Questions I, trad. Roger Munier, Gallimard, pp. 44-45.

Edmund Husserl.

Le retour aux choses mêmes et la phénoménologie

1. Le retour aux choses mêmes

Le nom de Heidegger reste associé à celui d'Edmund Husserl (1859-1938), le fondateur de la phénoménologie. Pendant ses six premières années de maître-assistant à Fribourg, de 1916 à 1922, Heidegger a travaillé « avec » Husserl. C'est ce qui explique qu'on ait longtemps tenu Heidegger pour l'assistant de Husserl. Même si ce n'est pas exact, il est certain qu'entre les deux hommes se nouèrent des relations uniques, un peu comme celles qu'il put y avoir entre Platon et Aristote.

Heidegger fraya son chemin *à travers* la phénoménologie, grâce à elle donc ; mais ce chemin s'en écarta d'autant plus que Heidegger *se* trouva. C'est le destin de tous les grands penseurs de ne jamais être des épigones : de même que Platon choisit un disciple obscur, mais docile, pour lui succéder à la tête de l'Académie, de même Husserl ne cessa, plus l'audience et l'autorité de Heidegger croissaient dans le monde philosophique allemand, de prendre ses distances vis-à-vis de son brillant « enfant terrible ».

Heidegger ne propose pas de retour à Descartes, bien au contraire. Il n'envisage pas davantage la phénoménologie comme une science rigoureuse, sur le modèle des sciences positives, ni même une « discipline » nouvelle, voire un mouvement philosophique. La phénoménologie, dit une phrase d'*Être* et *Temps*, ne peut être correctement saisie que comme « possibilité ». Cette possibilité est inscrite dans *toute* philosophie depuis son commencement (Platon-Aristote) comme la tâche de déployer un regard neuf jusqu'à l'essentiel. Il s'agit de dévoiler les phénomènes en eux-mêmes, tels qu'ils sont, ce qui veut dire tels qu'ils se manifestent, sans égard particulier vis-à-vis de ce qui fait autorité, de la « tradition ». Bref, c'est la leçon de choses qui se réclame d'un unique principe, ou plutôt d'une exigence : le retour aux choses, au sens de l'allemand *Sache* : l'affaire dont il est question, ce dont il s'agit en propre. Husserl avait formulé l'exigence ainsi : « Ce sont les choses elles-mêmes que nous devons mettre en question. Retour à l'expérience, à l'intuition [...] ». Et Heidegger traduit ainsi, dans *Être et Temps* (p. 35) :

Le titre « phénoménologie » exprime une maxime, qui peut aussi être formulée ainsi : « retour aux choses elles-mêmes » (*zu den Sachen selbst !*) – contre toutes les constructions gratuites, trouvailles fortuites, contre l'usage de concepts qui n'ont été démontrés qu'en apparence, contre les pseudo-questions, qui se sont érigées au cours des siècles à la hauteur de « problèmes ».

Mais cette maxime ne commande-t-elle pas déjà toute méthode scientifique digne de ce nom ? Pourquoi inventer un terme aussi « barbare » (ou plutôt grec) pour désigner une évidence ? Ou bien faut-il questionner les évidences comme étant tout, sauf évidentes ? Car *de quoi* s'agit-il dans cet appel à revenir à « ce dont il s'agit » ? Rien de moins que déterminer ce qui, en propre, sera l'*affaire* de la philosophie. Or, pour Husserl, comme pour toute la tradition moderne, de Descartes à Hegel et au-delà, l'affaire, l'unique affaire de la philosophie, c'est de déterminer le statut du sujet de la connaissance, de la *conscience*. Les choses ne sont présentes que pour un sujet qui se les représente. Toute la question, maintenant, est de savoir de quelle sorte sont ces « représentations », comment elles se rapportent au sujet ou à la conscience. Jusqu'à Husserl, la réponse classique de la psychologie a été de loger les choses représentées *dans* la conscience. Husserl demande : comment, « dans » ? Sont-elles dans la conscience comme un meuble est dans une pièce ou un liquide dans un verre ? Impossible !

C'est cette impossibilité que désigne le terme – emprunté par le psychologue Franz Brentano (1838-1917) à la scolastique médiévale – d'« intentionnalité », et qui constitue la pièce maîtresse du premier grand livre de Husserl, les *Recherches logiques* (1900-1901).

L'intentionnalité, écrit Husserl, désigne seulement « cette particularité foncière et générale qu'a la conscience d'être conscience de *quelque chose* [1] ». Mais ce « quelque chose » dont la conscience est conscience appartient-il *réellement* à celle-ci, autrement dit la représentation est-elle là, « en chair et en os » dans la conscience ? Par exemple : soit un arbre (quelque chose). J'en ai conscience, je le perçois. Ce qui veut dire : je me le représente, je l'attire vers moi pour le recevoir. Mais comment ? Je ne le reçois pas « en chair et en os », avec toutes ses branches et ses feuilles : un arbre ne peut pas entrer *ainsi* dans ma conscience. Si l'arbre n'entre pas ainsi, il faut donc qu'il y entre autrement. Comment, alors ? Réponse traditionnelle de la psychologie « empirique » : sous forme de représentants psychiques. Représentants, c'est-à-dire substituts réels, mais évidemment pas grandeur nature. Disons, pour simplifier et en empruntant des termes récents, sous forme de « microfilms ». Mais un film, ou un substitut quelconque – figurine, modèle réduit – demeure toujours quelque chose de *réel*. Comment ce réel peut-il *entrer* dans une conscience ? On voit bien qu'avec la présence réelle du substitut psychique, le problème n'est que déplacé, et non résolu. C'est contre cette *réification* de la conscience représentante, tendance que Husserl qualifie de « psychologisme », que l'intentionnalité va « purifier » la conscience, la rendre « claire comme un grand vent » (écrira Sartre). Il s'agit de *déréaliser* les contenus psychiques, en montrant que la conscience et son objet, ce « quelque chose » dont elle est conscience, sont donnés *du même coup*, autrement dit que la conscience n'est qu'une certaine manière de *se rapporter à* l'objet.

1. Husserl, *Méditations cartésiennes*, trad. E. Levinas, Vrin, 1947, p. 28.

2. « Une idée fondamentale de la phénoménologie de Husserl : l'intentionnalité » (Sartre)

Ce texte de Jean-Paul Sartre (1905-1980) a été publié en janvier 1939 dans la *Nouvelle Revue française.*

Le terme a été emprunté par Husserl à son professeur de psychologie, Franz Brentano, qui l'a lui-même repris de la scolastique médiévale. Il signifie littéralement : le fait de *viser* quelque chose, de s'y rapporter par une *tension.* Sartre accentue cette tension, en comprenant l'intention comme un projet s'éclatant vers... (ce que dirait le grec *ekstasis*).

« Il la mangeait des yeux. » Cette phrase et beaucoup d'autres signes marquent assez l'illusion commune au réalisme et à l'idéalisme, selon laquelle connaître, c'est manger. La philosophie française, après cent ans d'académisme, en est encore-là. Nous avons tous lu Brunschvicg, Lalande et Meyerson[1], nous avons tous cru que l'Esprit-Araignée attirait les choses dans sa toile, les couvrait d'une bave blanche et lentement les déglutissait, les réduisait à sa propre substance. Qu'est-ce qu'une table, un rocher, une maison ? Un certain assemblage de « contenus de conscience », un ordre de ses contenus. Ô philosophie alimentaire ! Rien ne semblait pourtant plus évident : la table n'est-elle pas le contenu actuel de ma perception, ma perception n'est-elle pas l'état présent de ma conscience ? Nutrition, assimilation. Assimilation, disait M. Lalande, des choses aux idées, des idées entre elles et des esprits entre eux. Les puissantes arêtes du monde étaient rongées par ces diligentes diastases : assimilation, unification, identification. En vain, les plus simples et les plus rudes parmi nous cherchaient-ils quelque chose de solide, quelque chose, enfin, que ne fût pas l'esprit ; ils ne rencontraient partout qu'un brouillard mou et si distingué : eux-mêmes.

Contre la philosophie digestive de l'empirio-criticisme, du néo-kantisme, contre tout « psychologisme[2] », Husserl ne se lasse pas d'affirmer qu'on ne peut pas dissoudre les choses dans la conscience. Vous voyez cet arbre-ci, soit. Mais vous le voyez à l'endroit même où il est : au bord de la route, au milieu de la poussière, seul et tordu sous

1. *Léon Brunschvicg* (1869-1944) : il domina toute l'Université française jusqu'à la Deuxième Guerre (enseignant à la Sorbonne de 1909 à 1940). Issu d'un courant néo-kantien, il sut discerner une crise de l'idéalisme mais ne proposa guère en échange qu'un rationalisme critique assoupli.
Émile Meyerson (1859-1933) et *André Lalande* (1867-1963) : eux aussi d'une tendance néo-critique ; Lalande a surtout écrit un *Vocabulaire technique et critique de philosophie.*

2. *Psychologisme :* le terme est de Husserl, et désigne moins une doctrine (la psychologie qui, comme « science », a ses droits et son champ descriptif) qu'une confusion d'ordre métaphysique, visant à attribuer l'existence *réelle* aux « contenus psychiques ».

la chaleur, à vingt lieues de la côte méditerranéenne. Il ne saurait entrer dans votre conscience, car il n'est pas de même nature qu'elle. Vous croyez ici reconnaître Bergson et le premier chapitre de *Matière et Mémoire*[1]. Mais Husserl n'est point réaliste : cet arbre sur son bout de terre craquelé, il n'en fait pas un absolu qui entrerait, par après, en communication avec nous. La conscience et le monde sont donnés d'un même coup : extérieur par essence à la conscience, le monde est, par essence, relatif à elle. C'est que Husserl voit dans la conscience un fait irréductible qu'aucune image physique ne peut rendre. Sauf, peut-être, l'image rapide et obscure de l'éclatement. Connaître, c'est « s'éclater vers », s'arracher à la moite intimité gastrique pour filer, là-bas par-delà soi, vers ce qui n'est pas soi, là-bas, près de l'arbre et cependant hors de lui, car il m'échappe et me repousse et je ne peux pas plus me perdre en lui qu'il ne se peut diluer en moi : hors de lui, hors de moi. Est-ce que vous ne reconnaissez pas dans cette description vos exigences et vos pressentiments[2] ? Vous saviez bien que l'arbre n'était pas vous, que vous ne pouviez pas le faire entrer dans vos estomacs sombres et que la connaissance ne pouvait pas, sans malhonnêteté, se comparer à la possession. Du même coup, la conscience s'est purifiée, elle est claire comme un grand vent, il n'y a plus rien en elle, sauf un mouvement pour se fuir, un glissement hors de soi ; si, par impossible, vous entriez « dans » une conscience, vous seriez saisi par un tourbillon et rejeté au dehors, près de l'arbre, en pleine poussière, car la conscience n'a pas de « dedans » ; elle n'est rien que le dehors d'elle-même et c'est cette fuite absolue, ce refus d'être substance qui la constituent comme une conscience. Imaginez à présent une suite liée d'éclatements qui nous arrachent à nous-mêmes, qui ne laissent même pas à un « nous-mêmes » le loisir de se former derrière eux, mais qui nous jettent au contraire au-delà d'eux, dans la poussière sèche du monde, sur la terre rude, parmi les choses ; imaginez que nous sommes ainsi rejetés, délaissés par notre nature même dans un

1. *Henri Bergson* (1859-1941) : son essai *Matière et Mémoire* parut en 1896. Dans l'avant-propos à la septième édition, Bergson écrit : « L'objet de notre premier chapitre est de montrer qu'idéalisme et réalisme sont deux thèses également excessives, qu'il est faux de réduire la matière à la représentation que nous en avons, faux aussi d'en faire une chose qui produirait en nous des représentations mais qui serait d'une autre nature qu'elles. La matière, pour nous, est un ensemble d'"images". Et par "image" nous entendons une certaine existence qui est plus que ce que l'idéaliste appelle une représentation, mais moins que ce que le réaliste appelle une chose – une existence située à mi-chemin entre la "chose" et la "représentation". Cette conception de la matière est tout simplement celle du sens commun [...] Pour le sens commun, l'objet existe en lui-même et, d'autre part, l'objet est, en lui-même, pittoresque comme nous l'apercevons : « C'est une image, mais une image qui existe en soi ». Pour Sartre au contraire (*cf.* l'essai de 1940, *L'Imaginaire*), l'image n'est pas "en soi", elle n'est que la *visée* d'un objet transcendant comme n'étant pas là.
2. En lisant Husserl ou Heidegger, écrit Merleau-Ponty, « plusieurs de nos contemporains ont eu le sentiment bien moins de rencontrer une philosophie nouvelle que de reconnaître ce qu'ils attendaient ».

monde indifférent, hostile et rétif ; vous aurez saisi le sens profond de la découverte que Husserl exprime dans cette fameuse phrase : « Toute conscience est conscience *de* quelque chose. » Il n'en faut pas plus pour mettre un terme à la philosophie douillette de l'immanence, où tout se fait par compromis, échanges protoplasmiques, par une tiède chimie cellulaire. La philosophie de la transcendance nous jette sur la grand'route, au milieu des menaces, sous une aveuglante lumière. Être, dit Heidegger, c'est être-dans-le-monde. Comprenez cet « être-dans » au sens du mouvement. Être, c'est éclater dans le monde, c'est partir d'un néant de monde et de conscience pour soudain s'éclater-conscience-dans-le-monde. Que la conscience essaye de se reprendre, de coïncider enfin avec elle-même, tout au chaud, volets clos, elle s'anéantit. Cette nécessité pour la conscience d'exister comme conscience d'autre chose que soi, Husserl la nomme : « intentionnalité ».

J'ai parlé d'abord de la connaissance pour me faire mieux entendre : la philosophie française, qui nous a formés, ne connaît plus guère que l'épistémologie. Mais pour Husserl et les phénoménologues, la conscience que nous prenons des choses ne se limite point à leur connaissance. La connaissance ou pure « représentation » n'est qu'une des formes possibles de ma conscience « de » cet arbre ; je puis aussi l'aimer, le craindre, le haïr, et ce dépassement de la conscience par elle-même, qu'on nomme « intentionnalité », se retrouve dans la crainte, la haine et l'amour. Haïr autrui, c'est une manière encore de s'éclater vers lui, c'est se trouver soudain en face d'un étranger dont on vit, dont on souffre d'abord la qualité objective de « haïssable ». Voilà que, tout d'un coup, ces fameuses réactions « subjectives », haine, amour, crainte, sympathie, qui flottaient dans la saumure malodorante de l'Esprit, s'en arrachent ; elles ne sont que des manières de découvrir le monde. Ce sont les choses qui se dévoilent soudain à nous comme haïssables, sympathiques, horribles, aimables. C'est une *propriété* de ce masque japonais que d'être terrible, une inépuisable, irréductible propriété qui constitue sa nature même – et non la somme de nos réactions subjectives à un morceau de bois sculpté. Husserl a réinstallé l'horreur et le charme dans les choses. Il nous a restitué le monde des artistes et des prophètes : effrayant, hostile, dangereux, avec des havres de grâce et d'amour. Il a fait la place nette pour un nouveau traité des passions[1] qui s'inspirerait de cette vérité si simple et si profondément méconnue par nos raffinés : si nous aimons une femme, c'est parce qu'elle est aimable. Nous voilà délivrés de

1. Allusion au traité cartésien des *Passions de l'âme*.

Proust. Délivrés en même temps de la « vie intérieure » : en vain cherc herions-nous, comme Amiel [1], comme une enfant qui s'embrasse l'épaule, les caresses, les dorlotements de notre intimité, puisque finalement tout est dehors, tout, jusqu'à nous-mêmes : dehors, dans le monde, parmi les autres. Ce n'est pas dans je ne sais quelle retraite que nous nous découvrirons : c'est sur la route, dans la ville, au milieu de la foule, chose parmi les choses, homme parmi les hommes.

J.-P. Sartre, « Une idée fondamentale de la phénoménologie de Husserl : l'intentionnalité », *Situation I*, Gallimard, 1975, coll. « Idées », pp. 38-42.

3. Présence et représentation

Husserl et Heidegger en appellent bien au même principe : retour aux choses mêmes ! Mais ce ne sont pas les mêmes choses. Au sens husserlien, la maxime s'entend comme « retour aux phénomènes originaux de la conscience ». Or l'erreur du psychologisme, dénoncée par Husserl, consiste à parler de contenus psychiques réels. Pour décrire vraiment les phénomènes, il faut au contraire se concentrer sur la conscience comme manière *a priori* de se rapporter à des objets. Mais par là, objectera très vite Heidegger, on ne sort pas de la conscience. Certes, celle-ci a pris l'air. Mais si pour le phénoménologue tout est dehors, il y a quand même quelque chose qui résiste à cet éclatement : la conscience husserlienne n'a pas seulement un rapport intentionnel au monde, elle existe indépendamment de celui-ci et elle a, comme *ego* transcendantal pur, la possibilité de se dégager complètement du monde. Tout revient donc à l'enclos de la conscience, même purifiée, comme tout en était sorti. L'élargissement husserlien de la conscience ne signifie pas, pour Heidegger, qu'on a libéré le prisonnier de sa cellule, mais simplement, pour garder la même image, qu'on l'a laissé en liberté surveillée pour, finalement, le faire rentrer dans le droit chemin, au bercail de ce qui s'appelle, depuis Descartes auquel Husserl ne cesse de revenir, l'*ego cogito*. Avec le *Dasein* heideggérien, un tel élargissement est devenu inutile, parce que le *Dasein* est déjà lui-même le grand large : le « là ». Mais là, qu'y a-t-il ? Il y a non seulement les choses, qui nous sont directement présentes, ou médiatement par des représentations, mais d'abord la présence même de tout ce qu'il y a : l'*il y a* lui-même.

L'« évidence » de toute la philosophie moderne, c'est la conscience. Par elle, et par elle seulement, nous sont données les « choses » à titre de *représentations*. Qu'est-ce donc que « représenter », demande Heidegger ?

1. Henri Amiel (1821-1881) : écrivain genevois, qui a laissé un *Journal intime* de 17 000 pages.

Représenter ? Qui de nous ne saurait ce que veut dire représenter ? Lorsque nous nous représentons quelque chose, par exemple en philologie un texte, en histoire de l'art une œuvre, en chimie un processus d'oxydation, alors nous avons chaque fois une représentation des objets en question. Et où avons-nous ces représentations ? Nous les avons dans la tête. Nous les avons dans la conscience. Nous les avons dans l'âme. Nous avons les représentations à l'intérieur de nous, les représentations des objets. Cependant, depuis quelques siècles, la philosophie est intervenue pour mettre en question si les représentations qui sont en nous correspondent même, dans ce cas, à une réalité en dehors de nous ? Les uns disent oui, les autres disent non, d'autres de nouveau disent qu'on ne peut faire de séparation et qu'on devrait dire seulement que le monde, c'est-à-dire ici l'ensemble du réel, existe en tant qu'il est représenté pour nous. « *Le monde est ma représentation.* » Dans cette phrase, Schopenhauer a ramassé la pensée de la philosophie moderne. [...] Si maintenant, pour notre question sur ce qu'est la représentation, nous ne nous en tenons cependant pas à la science, cela ne tient pas à l'outrecuidance d'un savoir-mieux, mais à la prudence d'un non-savoir.

Nous nous tenons à l'extérieur de la science. Nous nous tenons en revanche devant, par exemple, un arbre en fleur – et l'arbre se tient devant nous. Il se présente à nous. L'arbre et nous, nous nous présentons l'un à l'autre quand l'arbre se tient là, et que nous nous tenons en face de lui. Placés dans un rapport de l'un à l'autre, de l'un devant l'autre, nous *sommes*, l'arbre et nous. Dans cette présentation, il ne s'agit donc pas de « représentations » qui voltigent dans notre tête. Arrêtons-nous ici un moment, comme si nous prenions haleine avant ou après un saut. Nous *sommes* déjà en effet *après* le saut hors du domaine habituel des sciences, et même, comme nous le montrerons, de la philosophie. Et où avons-nous sauté ? Peut-être dans un abîme ? Non. Plutôt sur un sol ? Sur *un* sol ? Non. Mais sur *le* sol, sur lequel nous vivons et mourrons – *à supposer que nous ne nous fassions aucune illusion.* C'est une chose étrange, ou même une chose sinistre, que de devoir d'abord sauter pour atteindre le sol même sur lequel nous nous trouvons. Lorsque quelque chose d'aussi étrange que ce saut devient nécessaire, alors c'est qu'il doit s'être passé quelque chose qui donne à penser. Au jugement de la science, cela demeure cependant la chose la plus négligeable du monde, que chacun de nous se soit trouvé déjà au moins une fois en face d'un arbre en fleur : Quelle importance ? Nous nous mettons en face d'un arbre, devant lui, et l'arbre se présente à nous. Qui est-ce ici qui fait proprement la présentation, l'arbre, ou nous ? Ou les deux ? Ou aucun des deux ? Nous nous mettons tels que nous sommes, non pas seulement avec la tête ou avec la conscience, en face de l'arbre en fleur, et l'arbre se présente à nous comme celui qu'il est. Ou même – est-ce que l'arbre ne serait pas plus avenant que nous ? L'arbre ne s'est-il pas présenté à nous avant, pour que nous puissions nous porter au-devant de lui et nous mettre en face ?

Qu'advient-il ici, que l'arbre se présente à nous et que nous nous mettons en face de lui ? Où « joue » cette présentation, lorsque nous nous tenons en face d'un arbre en fleur, devant lui ? Est-ce dans notre tête ? Soit. Il se déroule maintes choses dans notre cerveau lorsque nous sommes dans une prairie et que nous avons un arbre en fleur qui se tient devant nous dans son éclat et son parfum – que nous le percevons. On peut même aujourd'hui rendre saisissables à l'oreille les processus qui jouent dans la tête comme courants cérébraux, par des méthodes et des appareils appropriés de transformation et d'amplification, et retracer leur développement par des courbes. On le peut. Soit ! Qu'est-ce que l'homme aujourd'hui ne peut pas ? Il peut même, avec ce pouvoir, rendre sporadiquement service. Et il rend service partout avec les meilleures intentions. On peut... Personne d'entre nous ne pressent encore sans doute ce dont l'homme dans un avenir prochain sera capable scientifiquement. Mais qu'est-ce que vous faites, dans vos circuits cérébraux enregistrables, de l'arbre en fleur ? Qu'est-ce que vous faites de la prairie ? Qu'est-ce que vous faites de l'homme ? Non pas du cerveau, mais de l'homme, que demain peut-être nous aurons perdu et qui depuis l'origine était en route vers nous ? Qu'est-ce que vous faites de la présentation où l'arbre se présente et l'homme se met dans le face-à-face avec l'arbre ?

Sans doute, dans ce que j'ai désigné tout à l'heure comme présentation, là aussi se produit de diverse manière ce que l'on décrit comme la sphère de la conscience et que l'on regarde comme le psychique. Mais est-ce que l'arbre se tient « dans la conscience », ou bien est-ce qu'il se tient dans la prairie ? Est-ce que la prairie se situe comme expérience vécue dans l'âme, ou bien comme étendue sur la terre ? La terre est-elle dans notre tête, ou bien sommes-nous debout sur la terre ? [...]

Lorsque nous pensons à ce que c'est qu'un arbre qui se présente à nous, de sorte que nous pouvons nous placer dans le face-à-face avec lui, alors il s'agit enfin de ne pas laisser tomber cet arbre, mais tout d'abord *de le laisser être debout*, là où il est debout. Pour quelle raison disons-nous « enfin » ? Parce que la pensée jusqu'ici ne l'a encore jamais laissé être debout là où il l'est.

Heidegger, *Qu'appelle-t-on penser ?*, PUF, 1959, pp. 40-45.

Libérer la tradition

Depuis la fondation de l'Académie par Platon, l'exercice du philosopher se déploie au sein d'une école de la pensée. Double sens du génitif : la pensée n'est pas seulement l'objet de la transmission, mais d'abord son sujet : elle est transmission d'elle-même, tradition. Heidegger écrit, dans un texte qui reprend par son titre même toute la tradition philosophique comme histoire, *Hegel et les Grecs* : « La tradition authentique consiste si peu à traîner le fardeau du passé qu'elle nous libère au contraire en nous engageant dans ce qui nous attend [1]. »

Aujourd'hui, tout juste entend-on par tradition un stock de « valeurs culturelles » à préserver ; stock qui totalise tout ce qui, peu ou prou, et sans distinction de contenu, est tenu pour « valable » – non pas pour soi, mais en tant que « signe du passé ». C'est une constante de l'appel heideggerien, au contraire, que de projeter dans l'avenir ce que l'on tient pour « passé » – et qui au fond, pour reprendre un mot du romancier américain William Faulkner, n'est jamais « dépassé » parce que pas même atteint. La tradition, bien « prise » et apprise, nous délivre un présent – en allemand, le mot pour désigner le « présent » signifie à la lettre : ce qui attend, tourné vers…

Peut-être la prouesse la plus « héroïque » de Heidegger fut-elle de réapprendre aux contemporains le rapport libre à leur – donc notre – tradition. Rien n'est plus difficile que d'ouvrir les yeux sur ce qui nous paraît acquis : le « libre usage » de ce qui nous est propre, pour reprendre une expression de Hölderlin. Mais apprendre, c'est aussi désapprendre : « Nous ne pouvons jamais apprendre, nous modernes surtout, que si du même mouvement nous désapprenons. […] Nous ne pouvons apprendre la pensée que si nous désapprenons radicalement son essence traditionnelle. Mais il est pour cela nécessaire que nous fassions en même temps sa connaissance [2]. »

Le rapport libre à la tradition de la pensée passe par ce chemin : désapprendre, ce que *Être et Temps* appellera la « destruction » ou mieux la déconstruction. Nul doute que celui qui apprit le plus à Heidegger fut son « maître » Edmund Husserl, le fondateur de la phénoménologie, parce que ce dernier ne proposait pas tant une doctrine nouvelle qu'un *exercice du regard.* Pour Heidegger, la phénoménologie n'est pas un « mouvement » philosophique à côté d'autres, mais le chemin – la méthode, au sens propre – de la pensée, tel que la philosophie authentique l'a toujours pratiqué. Et voici l'unique leçon de ce « jardin d'enfants » : apprendre à désapprendre l'habituel ; retrouver un regard neuf, qui va droit aux choses mêmes. Là

1. *Questions II*, p. 46.
2. *Qu'appelle-t-on penser ?* p. 27.

encore, l'originalité de Heidegger fut de pratiquer cette école du regard non pas seulement à travers les chemins battus de la conscience naturelle, non pas seulement en suspendant tout recours à l'autorité de la tradition « philosophique », mais précisément *jusque dans* cette tradition, pour la libérer à elle-même, en extraire le suc, la sève, c'est-à-dire tout ce qui peut y *faire question,* et nous mettre, ici et maintenant, en question nous-mêmes.

L'enseignement de Husserl se fit sous la forme de l'apprentissage graduel, par l'exercice, du « regard » phénoménologique qui cependant réclamait en même temps que l'on refuse d'user sans examen des connaissances philosophiques, mais aussi que l'on renonce à faire intervenir dans le débat l'autorité des grands penseurs. Et pourtant, plus était évident le fruit que je retirais pour l'interprétation d'Aristote de ma familiarité grandissante avec le regard phénoménologique et moins je pouvais me séparer d'Aristote et des autres penseurs grecs [1].

En quoi consiste donc ce « regard » ? Nous le saisirons mieux en écoutant le récit d'un témoin direct.

1. Heidegger enseignant

Au beau milieu du bavardage des étudiants, apparut un homme petit, au teint hâlé, vêtu du costume (knickers et veste traditionnelle) de la Forêt-Noire, inhabituel pour moi, et qui entreprit de noircir le tableau. J'admirai l'organisation allemande efficace en vertu de laquelle l'appariteur avait épongé en temps voulu le tableau pour le professeur. Mais dès qu'il se tourna vers ses auditeurs, scrutant la pièce de ses grands yeux sombres, tous se turent immédiatement. Je vécus alors une heure qui demeura à jamais inoubliable pour moi. Heidegger ne présupposait aucun savoir philosophique dans ce séminaire : bien plutôt attendait-il des étudiants qu'ils soient prêts à faire l'essai du philosopher. Il les amenait à penser par eux-mêmes. S'il posait une question et que personne n'osait proposer une réponse, il scrutait la salle et reconnaissait, d'après l'expression des étudiants, lequel avait quelque chose à dire : il s'adressait alors à lui, et en dialogue socratique, il l'amenait à trouver la réponse de lui-même. Quel-

1. « Mon chemin de pensée et la phénoménologie », *Questions IV*, p. 168.

qu'un essayait-il de fournir une réponse à l'aide de connaissances apprises, en employant de grands mots savants ? Heidegger se prenait le menton, regardait devant lui d'un air malin en souriant et disait : « Cela me dépasse, je ne comprends pas, pouvez-vous m'expliquer cela avec vos propres mots ? » Si d'aventure quelqu'un qui avait lu Heidegger essayait de le citer, en se montrant fier de sa réponse, alors il répliquait de façon presque brutale : « Je me souviens parfaitement de ce que j'ai écrit : ce qui m'intéresse, c'est ce que vous avez à dire sur ce sujet. » Contrairement à nombre d'autres séminaires auxquels j'ai assisté depuis, où le professeur au fond ne désirait entendre que ses propres réponses, et se montrait dépité, voire furieux, lorsqu'elles n'arrivaient pas, cela était totalement exclu auprès de Heidegger. Il lui importait que son interlocuteur trouve la réponse en lui-même. De tels dialogues philosophiques trouvaient place surtout dans le séminaire supérieur auquel j'eus l'autorisation de participer également.

Durant le semestre d'été de 1942, nous étudiâmes la *Phénoménologie de l'Esprit* de Hegel – ou plus exactement, quelques pages de *l'Introduction* (voir « Hegel et son concept de l'expérience » dans *Chemins qui ne mènent nulle part*). C'est au cours de ce séminaire que j'appris pour la première fois ce que pénétrer dans la pensée d'un philosophe, « philosopher avec » signifiait pour lui. Quelle que soit la difficulté qu'éprouve le lecteur devant un texte de Heidegger, sans concession aucune, celle-ci s'estompait grâce à l'habileté pédagogique de Heidegger à nous conduire à la lecture et à nous faire prendre pied dans le texte lui-même, à comprendre pour ainsi dire de l'intérieur un texte dans sa plénitude et sa portée. Heidegger était capable de cela en rendant présente la tradition tout entière dans laquelle le texte se situe. [...]

Nous travaillions durant toute la semaine les pages que nous devions étudier en cours. Autant Heidegger était aimable dans les relations personnelles, autant il se montrait strict lorsqu'il s'agissait du travail philosophique. Ses remarques mordantes n'épargnaient même pas son assistante. Il nous appartenait de poser des questions relativement aux passages les plus difficiles du texte. Mais, pour être à même de les formuler, encore fallait-il avoir bien compris le texte en question. Nous étions assurément persuadés d'avoir saisi beaucoup de choses, mais à peine Heidegger commençait-il à questionner, nous nous apercevions des limites de notre compréhension ! Au début de la séance, on désignait celui qui établirait le protocole qui serait lu lors de la séance suivante, et critiqué par Heidegger, complété et rédigé dans un petit cahier de toile cirée.

Toutes les autres manifestations perdaient de leur attrait auprès de ces heures passées dans la petite salle du séminaire. Heidegger préparait scrupuleusement un plan pour chaque heure, mais il parlait toujours librement. Il écrivait volontiers au tableau des concepts ou même des phrases décisives. Si le dialogue s'engageait dans une autre direction que celle initialement prévue, parce qu'il apparaissait par exemple que toute une série de concepts n'avait pas été comprise, Heidegger s'engageait à fond dans les nouvelles questions sans que jamais cependant le séminaire ne devienne le théâtre où s'affrontent des opinions et des points de vue arbitraires. Il écartait l'idée d'un séminaire sous forme de monologue où seul prendrait la parole celui qui le dirigeait. Ce qu'il disait lui-même ne devait pas être reçu sans avoir été mis en question. Dans ce but, il soutenait à l'occasion des thèses qui ne tenaient pas et, lorsque aucune objection ne s'élevait de la part des membres du séminaire, il leur reprochait d'être trop soumis à l'autorité. Par ailleurs, il dénonçait les critiques précipitées contre l'auteur étudié en montrant que le critique n'avait pas encore suffisamment compris le point en question.

Walter Biemel, « Le professeur, le penseur, l'ami », *Cahiers de l'Herne*, « Heidegger », 1983, pp. 128-129.

2. Le « roi secret » dans la tourmente

Historiquement, l'année 1929 marque le début de la crise économique qui allait frapper toutes les démocraties occidentales dix ans après la fin de la Grande Guerre. Après le « jeudi noir » (24 octobre) où Wall Street enregistra un krach boursier spectaculaire, s'enclencha un mécanisme de dépression économique mondiale qui atteignit en 1931 son paroxysme mais frappa surtout les pays fragilisés par l'absence de débouchés coloniaux et de réserves financières : le 13 juillet, banques et bourses seront toutes fermées en Allemagne. Par voie de conséquence, la République de Weimar succombera. Le succès de Hitler est essentiellement dû au chômage (six millions en 1933) et au discrédit dans lequel était tombée la démocratie, associée au capitalisme spéculateur et à l'impuissance politique.

De tout cela, cependant, « Qu'est-ce que la métaphysique ? » ne souffle mot, non seulement parce que la conférence a été prononcée en juillet, quatre mois avant le krach, mais parce qu'en général Heidegger n'a pas un regard pour la situation économique. On peut bien sûr interpréter cette cécité dans un esprit marxiste, mais on se tient alors à un niveau d'explication factuel (« ontique », dirait Heidegger) ; bien plus, on ne questionne pas davantage ce qu'il faut bien appeler le présupposé – tout aussi métaphysique que celui inverse – que la réalité se détermine comme étant d'abord « économique » ou matérielle.

Or la « crise » – un mot éminemment *philosophique*, au point qu'il n'y a pas de philosophie qui ne soit, peu ou prou, d'abord *critique* – ne peut se réduire à un dysfonctionnement du capitalisme. Des esprits aussi peu soupçonnables de « métaphysique » que Freud ou Husserl l'ont discernée comme affectant l'essence même de la civilisation occidentale moderne : Freud par son *Malaise dans la civilisation* (1929), Husserl par sa *Crise dans les sciences européennes* (1936) ; mais on peut encore invoquer Paul Valéry.

Le texte suivant fut écrit par Hannah Arendt à l'occasion du 80e anniversaire de Heidegger. Il a l'immense mérite de resituer la présence *active* de Heidegger dans le contexte philosophique et universitaire de l'époque, sans procéder à la trop facile projection rétroactive que nos contemporains n'ont eu que trop tendance à pratiquer. Dans une longue note de la suite du texte, Arendt s'explique ainsi à propos de ce que l'on a appelé « l'erreur » de Heidegger en 1933 :

Cette escapade qu'aujourd'hui – après que l'amertume s'est dissipée et surtout que l'on a fait justice, dans une certaine mesure, des innombrables fausses informations – on désigne le plus souvent comme l'« erreur », a de multiples aspects, et parmi d'autres celui de l'époque de la République de Weimar, qui ne se montrait aucunement à ceux qui vivaient en elle dans la lumière rose dans laquelle on la voit aujourd'hui, par opposition à l'arrière-plan terrifiant de ce qui a suivi.

En même temps que son quatre-vingtième anniversaire, Martin Heidegger fête le cinquantenaire de son activité publique comme professeur. Platon a dit un jour : « Car le commencement est aussi un dieu qui, tant qu'il demeure parmi les hommes, sauve tout » (*Lois*, 775*e*).

Qu'il me soit donc permis de commencer par ce début dans la vie publique, non par l'année 1889 à Messkirch, mais par l'an 1919, entrée du professeur dans la vie publique académique allemande à l'université de Fribourg. Car le renom de Heidegger est plus ancien que la publication de *Sein und Zeit* en 1927 et on peut même se demander si le succès insolite de ce livre – non seulement l'impression qu'il produisit immédiatement, mais surtout son extraordinaire effet à long terme, à l'aune duquel peuvent se mesurer bien peu de publications du siècle – aurait été possible sans, comme on dit, le succès professoral qui l'avait précédé et qu'il ne faisait que confirmer, du moins dans l'esprit des étudiants d'alors.

Il y eut quelque chose d'étrange dans cette première gloire, plus encore peut-être que dans celle de Kafka au début des années vingt, ou dans celle de Braque et de Picasso au cours de la précédente décennie. Ceux-ci également étaient inconnus du public, au sens courant du terme, et exerçaient pourtant une influence extraordinaire. Mais, dans le cas de Heidegger, il n'existait rien sur quoi la renommée pût s'appuyer, aucun écrit, sinon des notes de cours qui circulaient de main en main ; et les cours traitaient de textes universellement connus, ils ne contenaient aucune doctrine qu'on aurait pu rendre et transmettre. Il n'y avait là guère plus qu'un nom, mais le nom voyageait par toute l'Allemagne comme la nouvelle du roi secret. Il s'agissait de tout à fait autre chose que les « cercles » centrés sur un « maître » et dirigés par lui (comme par exemple, le cercle George) Ceux-ci, bien connus du public, s'abritaient de lui derrière l'aura d'un mystère que les membres du cercle étaient prétendument les seuls à connaître. Dans le cas présent, il n'y avait ni mystère, ni initiés. Ceux que la nouvelle avait touchés se connaissaient sans doute, parce qu'ils étaient tous étudiants ; il y eut à l'occasion des amitiés entre eux et l'on assista même plus tard, ici ou là, à la formation de coteries, mais il n'y eut jamais un cercle et il n'y eut pas d'ésotérique.

Qui donc atteignait la nouvelle, et que disait-elle ? Il y avait alors, après la Première Guerre mondiale, dans les universités allemandes, non sans doute une rébellion, mais un malaise de grande envergure dans l'activité académique enseignante et étudiante, gagnant toutes les facultés qui étaient plus que de simples écoles professionnelles et tous les étudiants pour lesquels l'étude signifiait plus que la préparation au métier. La philosophie n'était pas un gagne-pain ; bien plutôt la discipline de crève-la-faim résolus et, pour cette raison même, fort exigeants. Ils n'aspiraient aucunement à la sagesse ; celui à qui importait la solution de toutes les énigmes avait à sa disposition un riche assortiment au marché des conceptions du monde et des partis correspondants ; pour faire ici son choix, il n'y avait nul besoin d'un enseignement philosophique. Mais ce qu'ils voulaient, ils ne le savaient pas non plus. L'Université leur offrait en général ou les écoles – les néo-kantiens, les néo-hégéliens, les néo-platoniciens, etc. – ou la vieille discipline scolaire, proprement répartie dans la philosophie en compartiments comme la théorie de la connaissance, l'esthétique, l'éthique, la logique, etc., qui n'était pas vraiment transmise mais plutôt vidée de sa substance par un ennui sans fond. Contre cette activité somme toute confortable et à sa manière aussi tout à fait solide, il y avait alors, avant même l'apparition de Heidegger, un petit nombre de rebelles. Il y eut, chronologiquement parlant, Husserl et son appel à aller « aux choses elles-mêmes » ; cela voulait dire : « Laissons les théories, laissons les livres » et établissons la philosophie comme une science rigoureuse qui puisse se faire admettre à côté des autres disciplines académiques. C'était naturellement très naïf et dépourvu de toure intention rebelle, mais ce fut quelque chose dont purent se réclamer d'abord Scheler et un peu plus tard Heidegger. Ensuite il y eut aussi à Heidelberg, consciemment rebelle et venant d'une autre tradition que la tradition philosophique, Karl Jaspers qui, comme on sait, fut longtemps lié d'amitié avec Heidegger, précisément parce que ce qu'il y avait de rebelle dans le dessein de Heidegger lui importait comme quelque chose de radicalement philosophique au milieu du bavardage académique *sur* la philosophie.

Ce que ce petit nombre avait en commun, était – pour le dire avec les mots de Heidegger – qu'ils savaient distinguer « entre un objet d'érudition et une chose pensée », et que l'objet d'érudition leur était à peu près indifférent. La nouvelle atteignait alors ceux qui étaient au courant plus ou moins expressément de la rupture dans la tradition et des « temps sombres » qui avaient commencé de poindre : ceux qui par conséquent tenaient l'érudition dans les choses de la philosophie pour un jeu oiseux et n'étaient prêts à se plier à la discipline académique que parce qu'il y allait pour eux de la « chose pensée » ou, comme Heidegger dirait aujourd'hui, de la « chose du penser » (*Zur Sache des Denkens*, 1969). La nouvelle qui les attirait à Fribourg chez le privat-dozent, et un peu plus tard à Marbourg, disait : il y a quelqu'un qui atteint effectivement les choses que Husserl a proclamées, qui sait qu'elles ne sont pas une affaire académique mais le souci de l'homme pensant, et cela, en vérité, non seulement depuis hier et aujourd'hui, mais depuis toujours ; et qui, précisément parce que pour lui le fil de la tradition est coupé, découvre à nouveau le passé. Décisif quant à la méthode était que, par exemple, on ne parlât pas *sur* Platon et qu'on n'exposât pas sa doctrine des idées, mais qu'un dialogue fût poursuivi et soutenu pas à pas pendant un semestre entier, jusqu'à ce qu'il n'y eût plus une doctrine millénaire, mais seulement une problématique hautement présente. Aujourd'hui, cela nous paraît sans doute tout à fait familier : tous procèdent ainsi, maintenant ; avant Heidegger, personne ne l'a fait. La nouvelle le disait tout simplement : la pensée est redevenue vivante, il fait parler des trésors culturels du passé qu'on croyait morts et voici qu'ils proposent des choses tout autres que ce qu'on croyait tout en s'en méfiant. Il y a un maître ; on peut peut-être apprendre à penser.

Le roi secret, donc, dans le royaume du penser qui, entièrement de ce monde, est pourtant caché en lui de telle sorte qu'on ne peut savoir avec certitude s'il existe, mais dont les habitants sont pourtant plus nombreux qu'on ne croit. Car comment pourrait-on autrement s'expliquer l'influence unique, souvent souterraine, du penser et du lire pensant heideggériens, qui dépasse si largement le cercle des élèves et ce qu'on entend généralement par philosophie ?

Car ce n'est pas la philosophie de Heidegger, dont on peut à bon droit se demander s'il y en a une (ainsi Jean Beaufret), mais le penser de Heidegger, qui a contribué à déterminer de manière si décisive la physionomie spirituelle du siècle. Ce penser a une qualité de percée qui n'est propre qu'à lui et qui, pour le saisir et l'indiquer en mots, réside dans l'usage transitif du verbe « penser ». Heidegger ne pense jamais « sur » quelque chose ; il pense quelque chose. Dans cette activité absolument non contemplative, il s'enfonce dans la profondeur, mais il ne s'agit pas dans cette dimension – dont on pourrait dire qu'elle était auparavant, de cette manière et avec cette précision, tout bonnement non découverte – de découvrir ou de mettre au jour un sol ultime et rassurant, mais, séjournant dans la profondeur, d'ouvrir des chemins et de poser des « jalons » (*Wegmarken* – c'est le titre d'un recueil de textes des années 1929-1962). Ce penser peut se proposer des tâches, il peut s'atteler à des « problèmes », il a même naturellement toujours quelque chose de spécifique dont il s'occupe ou, plus exactement, par quoi il est stimulé ; mais on ne peut dire qu'il a un but. Il est sans cesse à l'œuvre, et même le frayage des chemins sert plutôt à l'ouverture d'une dimension qu'à atteindre un but fixé d'avance. Les chemins peuvent être de paisibles « chemins forestiers » (*Holzwege* c'est le titre d'un recueil d'essais des années 1936-1946, tr. fr. *Chemins qui ne mènent nulle part*) qui, parce qu'ils ne conduisent pas à un but fixé à l'extérieur de la forêt, et « se perdent soudain dans le non-frayé », sont incomparablement mieux à la mesure de celui qui aime la forêt et se sent chez lui en elle que les routes à problèmes soigneusement tracées sur lesquelles se bousculent les recherches des spécialistes en philosophie et en sciences humaines. En allemand, la métaphore des « chemins forestiers » dit quelque chose de très essentiel, non seulement, comme le terme allemand le suggère, que quelqu'un se trouve engagé sur un « chemin qui ne mène nulle part » dont il ne s'éloigne pas, mais aussi que quelqu'un, semblable au bûcheron, dont l'affaire est la forêt, va sur des chemins qu'il fraye lui-même, le frayage n'appartenant pas moins au métier que l'abattage du bois.

Heidegger a, dans cette dimension de profondeur ouverte seulement par son penser actif, établi un grand réseau de ces sentiers de pensée ; et, bien entendu, le seul résultat immédiat qui ait été pris en considération et ait fait école est qu'il a mené à l'écroulement l'édifice de la métaphysique en place, où, de toute façon, personne, depuis longtemps, ne se sentait vraiment à l'aise, tout comme des galeries et des travaux de sape souterrains font s'ébouer ce dont les fondements ne sont pas assurés assez en profondeur. Cela est une affaire historique, peut-être même de premier ordre, mais nous qui nous tenons à l'extérieur de tous les corps de métiers, y compris celui des historiens, n'avons pas besoin de nous en préoccuper. Qu'on ait pu à bon droit, dans une perspective spécifique, nommer Kant le « démolisseur » a peu à voir sinon avec son rôle historique, du moins avec *qui* il fut. En ce qui concerne la part prise par Heidegger à la mise à bas de la métaphysique qui, de toute façon, était imminente, c'est à lui et à lui seul qu'il faut rendre grâce que cet écroulement se soit déroulé d'une manière digne de ce qui a précédé ; que la métaphysique ait été *pensée* jusque dans toutes ses conséquences et n'ait pas été seulement ressassée et dépassée par ce qui est venu après. « La fin de la philosophie », comme dit Heidegger dans *Zur Sache des Denkens*, mais une fin qui fait honneur à la philosophie et la tient en honneur, préparée par celui qui lui était attaché au plus profond. Une vie durant, il a pris pour base de ses séminaires et de ses cours les textes des philosophes et ce n'est que dans la vieillesse qu'il s'avance et se risque jusqu'à tenir un séminaire sur un texte qui est le sien. *Zur Sache des Denkens* contient le « Protocole pour un séminaire sur la conférence *Temps et Être* », qui constitue la première partie du livre.

Je disais qu'on suivait la nouvelle pour apprendre le penser et ce qu'on expérimentait alors, c'était que le penser comme pure activité, c'est-à-dire ce qui n'est mis en mouvement ni par la soif de savoir ni par le besoin de connaissance, peut devenir une passion qui n'étouffe pas les autres capacités et les autres dons mais les ordonne et les gouverne. Nous sommes si habitués aux vieilles oppositions de la raison et de la passion, de l'esprit et de la vie, que l'idée d'un penser *passionné*, dans lequel Penser et Être-Vivant deviennent un, nous étonne quelque peu. Heidegger lui-même a une fois exprimé cette fusion – d'après une anecdote bien attestée – en une formule lapidaire, lorsqu'il dit au début d'un cours sur Aristote, à la place de l'introduction biographique d'usage : « Aristote naquit, travailla et mourut. » Qu'il y ait quelque chose de tel est, à la vérité, comme nous pouvons le reconnaître après coup, la condition de possibilité de la philosophie. Mais il est plus que douteux que nous eussions jamais expérimenté cela en notre siècle sans l'existence pensante de Heidegger. Ce penser qui prend son essor comme passion à partir du simple *factum* de l'être-né-dans-le-monde, et dès lors « pense sur la trace du sens qui règne dans tout ce qui est », peut aussi peu avoir un but final – les connaissances ou le savoir – que la vie elle-même. La fin de la vie est la mort, pourtant l'homme ne vit pas à dessein de la mort, mais parce qu'il est un être vivant ; et il ne pense pas en vue de quelque résultat que ce soit, mais, parce qu'il est un « être pensant, c'est-à-dire méditant ».

Cela a pour conséquence que le penser se comporte envers ses propres résultats d'une manière destructrice, c'est-à-dire critique.

Certes, les philosophes ont montré depuis les écoles philosophiques de l'Antiquité un penchant fatal à la construction de systèmes, et nous avons aujourd'hui souvent de la peine à démonter les édifices fabriqués pour découvrir ce qui a été proprement pensé. Pourtant, ce penchant n'a pas son origine dans le penser, mais dans des besoins tout à fait autres et en eux-mêmes parfaitement légitimes. Si l'on veut mesurer à ses résultats le penser dans son ardeur immédiate et passionnée, il en va pour lui comme pour la toile de Pénélope – ce qui a été filé le jour se défait à chaque fois inexorablement la nuit, pour pouvoir être recommencé à nouveau le jour suivant. Chacun des écrits de Heidegger se lit, malgré les références occasionnelles à l'œuvre déjà publiée, comme s'il recommençait tout et reprenait seulement la langue déjà forgée par lui, donc le terminologique ; mais là les concepts sont seulement des « jalons » (*Wegmarken*), grâce auxquels s'oriente un nouveau cours du penser.

H. Arendt, *Vies politiques*, trad. B. Cassin et P. Lévy,
Gallimard, 1974, coll. « Tel ».

Glossaire

bavardage (*Gerede*)

Forme « moyenne » et quotidienne du « discours » ou parler *(Rede)*, lequel constitue, selon le § 34 d'*Être et Temps* un *existential* fondamental au même titre que la compréhension et le « sentiment de la situation ». Tout discours est un parler *de* quelque chose ; mais le bavardage (étudié au § 35) ne se soucie que de lui-même, et non de comprendre ce dont il parle. Il ne faut pas prendre le bavardage péjorativement, mais le penser positivement. Ce dont parle le locuteur est moins important que *le fait* qu'il parle, et « bavarder » consiste à parler pour parler, sans se soucier de rien *dire.* « Le bavardage est la possibilité de tout comprendre sans appropriation préalable de la chose-en-question » (p. 169). Mais il ne se contente pas de refuser tout accès à une compréhension authentique ; il *bâtit* une « intelligibilité » générale et indifférente, qui n'épargne rien, et expose tout sous la forme de l'« évidence » du cela-va-de-soi *(Selbstverständlichkeit).*

comprendre (*verstehen*)

Une des trois structures existentiales du *Dasein*, la plus importante parce que orientée sur l'avenir. Comprendre déploie l'horizon du sens par un projet (*Entwurf*) : le sens est toujours un sens anticipé, un *pré-sens.*

Comprendre n'est pas d'abord affaire d'intellect ou d'entendement, mais bien d'exist*a*nce. C'est grâce au projet que sont ouvertes les possibilités d'être d'un *Dasein.* La plupart du temps, celles-ci sont *déjà* ouvertes, de sorte que le *Dasein* se meut dans une explication déjà donnée, l'évidence du « cela se comprend de soi ». Le comprendre authentique doit donc être arraché à ce plan de l'existence moyenne dégradée où rien n'est mis en question, il doit se reprendre hors de l'intelligibilité immédiate en faisant face au néant et, ainsi mis à nu, se projeter ses *propres* possibilités d'être. C'est par le comprendre ainsi compris qu'un monde en général peut être projeté et formé.

Dasein

Le sens courant de ce mot, apparu au XVIIIe siècle, est bien « réalité, existence ». Kant l'emploie ainsi lorsqu'il parle des preuves de l'existence (*Dasein*) de Dieu, ou lorsqu'il écrit que « l'existence n'est absolument pas un prédicat réel, mais exprime seulement la position d'une chose, ou de certaines déterminations en elles-mêmes » (*Critique de la raison pure,* trad. Tremesaygues et Pacaud, PUF, p. 429). L'existence ne détermine pas l'*essence* d'une chose (ce qu'elle est), mais la « pose » simplement en elle-même comme *étante.*

Dasein ne reprend pas, pour Heidegger, le vieux concept métaphysique d'*existentia.* En effet, le *Dasein* n'est pas un « existant » ou un étant parmi d'autres ; il est le seul étant à exister au sens propre du terme : il *exsiste* (voir : exist*a*nce). L'essence du *Dasein* – ce qu'il est – n'est rien d'autre que son exist*a*nce. Dans une lettre de 1945 à Jean Beaufret, Heidegger précisera : « *Da-sein* est un mot clé de ma pensée, aussi donne-t-il lieu à de graves erreurs d'interprétation. *Da-sein* ne signifie pas tellement pour moi "me voilà !", mais, si je puis m'exprimer en un français sans doute impossible : *être le-là.* Et *le-là* est précisément *alèthéia* : décèlement (*Unverborgenheit,* voir "révélation") – ouverture. »

dréliction (être jeté, *Geworfenheit*)

Terme fondamental qui désigne l'une des trois structures existentialo-temporelles du *Dasein.* Une traduction littérale donnerait : « le fait d'être *jeté* » – le répondant du projet *(Entwurf).* Il s'agit uniquement de marquer ce caractère de *facticité* du *Dasein* : qu'il est, toujours déjà, jeté comme cet étant qui a à entreprendre lui-même son être, autrement dit qui a à être le « là ». La déréliction est bien un « abandon » – le *Dasein* ne « produit » pas son être, il lui est plutôt livré *(überantwortet)* mais pour en répondre *(antworten),* et cet abandon n'a aucun arrière-plan éthique ou religieux.

Être « perdu » dans telle ou telle activité implique précisément que l'on se soit *trouvé* jeté au milieu de l'étant. Cet être-jeté manifeste le toujours-déjà du « fait » d'être situé ; se trouver situé n'est pas d'abord se trouver « soi-même », mais être accaparé et perdu dans le On (dans ce que l'on fait, sent, pense). Chaque *Dasein* est d'avance jeté *là,* au milieu du « monde », même si c'est à la seule banalité du quotidien qu'il est d'abord et le plus souvent livré.

eidos (Platon)

Heidegger traduit *eidos* (*idea*) par *Aussehen,* l'aspect qu'une chose présente, son air ou allure, ce sous quoi elle se donne à voir. En effet, le mot renvoie en grec au verbe *eidenai,* « avoir vu » (et au parfait, « savoir »). L'essentiel est de ne pas comprendre l'idée chez Platon comme une notion ou représentation qu'on aurait dans la tête. L'*eidos* nomme l'essence de chaque chose, ce qu'elle est du point de *vue* de son être tel, vue que l'étant offre de lui-même.

équivoque

L'« équivoque » (*Zweideutigkeit,* « double sens, ambiguïté ») a fait l'objet du § 37 d'*Être et Temps,* à la suite de la curiosité, comme mode « public » d'explication du « monde » dont on se préoccupe. « La compréhension du *Dasein* dans l'On se *méprend (sich versieht)* constamment sur ses projets relatifs à ses authentiques possibilités d'être. Le *Dasein* est toujours "là" dans l'équivoque, c'est-à-dire dans la manière dont le lieu commun s'est ouvert, là où le bavardage bruyant et la curiosité avide de nouveautés tiennent en haleine l'agitation *(den "Betrieb"),* là, où chaque jour tout, et au fond, rien n'a lieu » (p. 174). L'équivoque, c'est qu'en « se perdant » dans les activités (l'étant pur et simple), donc en se détournant du « néant », finalement le *Dasein* n'arrive à... rien, mais précisément à ce rien « nul » dont il croyait se détourner.

être-dans-le-monde (*In-der-Welt-sein*)

Le « dans » n'indique pas une inhérence passive, une immanence (au sens où je serais dans le monde comme le bébé est « dans » le ventre de sa mère), mais un mouvement de présence à... : je suis *au* monde en y étant ex-posé, jeté. Le terme, dans *Être et Temps,* nomme le *Dasein* lui-même comme *existance.* « Monde » n'est pas la totalité de ce qui est, mais déjà un rapport de *transcendance.*

exist*a*nce (*Existenz*)

Origine : latin *ex-sistere,* « se tenir hors de... ». Corbin traduit *Existenz* par « exist*a*nce » avec un *a,* d'une part pour le différencier du terme métaphysique traditionnel *(existentia),* d'autre part pour accentuer la valeur verbale du mot. La forme *exsister* ou *existance* doit rappeler que l'existence du *Dasein* est ek-statique (Heidegger écrit lui-même *Ek-sistenz).*

Il faut la distinguer du concept philosophique d'existence comme *existentia,* et qui se définit par rapport à l'essence. Celle-ci nomme *ce que* sont les choses (le *quid*), tandis que l'existence nomme le pur « fait » qu'elles sont ou existent (le *quod*).

Trois traits marquent l'exist*a*nce :

• « L'homme seul existe. Le rocher est, mais il n'existe pas. L'arbre est, mais il n'existe pas. L'ange est, mais il n'existe pas. Dieu est, mais il n'existe pas. »

• Exister ne veut pas dire être réel, subsister à la manière d'une chose qui est en soi. Heidegger distingue rigoureusement le mode de l'exister propre au seul *Dasein,* de la « substance » qui se contente de subsister (*Vorhandenheit*).

• Exister n'est pas non plus, comme chez les « philosophes de l'existence » (Kierkegaard, Jaspers), l'acte d'un sujet se posant pour soi, se produisant lui-même à soi.
L'exist*a*nce caractérise l'*essence* du *Dasein*. Il n'existe qu'en n'étant pas un donné, mais ce qu'il a *à être*. Dans l'Introduction de 1949, Heidegger écrit : « Ce qu'il faut penser sous le terme d'"existence" [...] c'est ce que le mot *Inständigkeit* (être en instance) pourrait le plus heureusement désigner » (*Questions I*, pp. 34-35). Il ne faut pas entendre le préfixe *ex-* dans ex-sistence ou extase comme un « éloignement de l'intérieur d'une immanence de la conscience et de l'esprit ; car ainsi comprise, l'existence ne serait toujours représentée qu'à partir de la "subjectivité" et de la "substance" » *(ibid.)*.

existential

À différencier d'« existentiel » qui concerne seulement le plan « ontique » (l'étant) et non le mode d'être ontologique. L'horizon de l'exist*a*nce est le temps, que *Être et Temps* qualifie d'*ekstatique* pur et simple. Ses trois dimensions qui sont d'une égale originarité bien que la première donne le ton à l'exist*a*nce entière, ouvrent aussi les trois dimensions du *Dasein* :
• le projet (avenir) qui est bondissement – ouverture à et par l'être grâce à l'intelligence *(Verstehen)* de l'être ;
• être jeté (passé) – jeté au milieu de l'étant, accordé ou non à son rythme *(Geworfenheit, Befindlichkeit, Stimmung)* ;
• jeté au milieu de l'étant, il est perdu dans cette proximité – son présent est toujours plus ou moins tombé *hors* de l'être du fait de cette obnubilation des choses dont il se soucie quotidiennement (« retombée », *Verfallen*). Tels sont les trois « existentiaux » – structures ontologiques du *Dasein* qui peuvent se traduire existentiellement (ontiquement) de maintes façons.

finitude (*Endlichkeit*)

Elle caractérise le *Dasein* comme être par rapport à sa fin, ou « être-pour-la-mort » (*Sein-zum-Tode*). Mais c'est d'abord une notion positive. Heidegger reprend Kant, pour qui la connaissance humaine est finie dans la mesure où elle ne peut se concevoir que sur la base d'une intuition sensible, non créatrice de son objet (qui, lui, est au contraire donné). Mais Heidegger fait un pas de plus en inscrivant la finitude comme l'*être* de l'homme : « plus originelle que l'homme est en lui la finitude du *Dasein* » *(Kant et le problème de la métaphysique*, p. 285). Être et finitude forment un tout indissociable, au contraire de la métaphysique qui pose l'infinité de l'être (comme Dieu ou l'Absolu).

historial – s'historialiser (*geschehen*)

C'est ainsi qu'Henry Corbin a rendu « *geschehen* » (couramment : arriver, avoir lieu) et « *geschichtlich* » (historique). L'allemand a en effet deux mots pour dire ce que le français nomme d'un seul : l'histoire. Il y a *Historie,* qui désigne la science de l'histoire, et *Geschichte,* l'histoire en tant qu'elle a lieu *(geschieht).* Comme l'écrit Corbin, *geschehen,* pour Heidegger, « n'équivaut pas à un devenir, à une évolution naturelle ou à un élan vital ; il marque la structure absolument propre de la réalité-humaine *(Dasein)* qui [...] rend possible l'historicité du monde. Pour rendre sensible cette relation (de l'Histoire au *Dasein),* nous avons eu recours au mot vieux français *historial ;* cet adjectif équivalait anciennement à historique, mais comme il est tombé en désuétude, il nous sera permis de lui donner vie nouvelle en l'incorporant comme "nom verbal" (mémorial) à notre lexique. Sa désinence offre l'avantage de l'appeler spontanément du côté de l'*existential* (l'*historique* étant alors du côté de l'*existentiel*). » Historial nomme ainsi le *Dasein* lui-même pour autant qu'il est *avoir-lieu* et lieu d'être. Mais *Geschichte* renvoie à *Geschick* (le destin) et au verbe *schicken* (envoyer). L'homme, comme *Dasein,* est le destinataire d'une Histoire pour laquelle il a à être le lieu ouvert ; il est accordé à ce « destin » dans la mesure où il en est le répondant. Destinataire, mais jamais destinateur, car l'historial n'est pas créé par l'homme, seulement confié, remis.

idée

Selon Kant, l'homme est un être fini dans la mesure où il ne peut connaître les choses qu'au moyen de l'intuition : comme phénomènes et non choses en soi. La chose « en soi » n'est pas autre chose que le phénomène, elle est la même chose, mais autrement : *pour nous* il ne peut y avoir que des phénomènes. Le « monde » comme totalité de l'étant, totalité inconditionnée et « absolue », ne peut être qu'une « idée » transcendantale. Au contraire, pour Hegel, le savoir est essentiellement infini, ou absolu. Au sens kantien, l'*idée* – par exemple l'idée de « monde » comme totalité inconditionnée des phénomènes – est un concept pur et synthétique de la raison.

néant (*Nichts*)

Roger Munier traduit toujours *Nichts* par « rien », et non par « néant ». Il s'en explique : « *Rien,* on le sait, vient de *rem,* chose, étant. Le *Nichts* étant lié à l'étant au point de faire un avec lui, il semble donc que *rien,* qui implique la même étrange ambiguïté, convienne assez bien ici. Au surplus, ce mot est le seul qui per-

mette le transfert, en français, de certaines expressions allemandes dont la portée paraît essentielle pour l'intelligence du texte *(rien* d'autre, *rien* de plus, ne *rien* savoir de...). »
Il faudra donc entendre néant à l'égal de rien. Néant vient du latin *ne-ens,* « non-étant », et renvoie donc, comme *rien,* à étant. En outre, il est plus facile de dire en français « *le* néant » que « *le* rien ». Enfin, néant et néantir consonnent immédiatement. Néanmoins (si l'on peut dire) il faudra se garder de substantifier « le » néant, et surtout de l'entendre négativement comme le concept antithétique à l'étant. Le néant est toujours *antérieur* à la négation. Il la commande et la rend possible, par le biais du « ne... pas » *(nicht).*

néantir, néantissement (*Nichten, Nichtung*)

Termes forgés par Heidegger pour dire l'« essence » du néant ; à ne pas confondre avec anéantir, anéantissement. On n'anéantit que ce qui est déjà, alors que le néantissement ne porte pas sur les choses comme une forme de destruction ou même de négation. Il s'agit plutôt du double mouvement de répulsion-expulsion : le néant repousse de « soi » tout en renvoyant à l'étant, mais à un étant qui s'est abîmé dans son ensemble.

négation (*Verneinung*)

Acte de dire « non », acte d'attribuer (par un dire) un signe négatif à ce qui est nié. La négation ne peut avoir lieu que si du niable lui est offert, et le niable vient lui-même du surgissement du « ne... pas » (*nicht*), donc du néant *(nichts).* De plus, la négation intervient dans un énoncé, et ressort donc de la « logique », ce qui n'est pas le cas du néant.

ne... pas (*Nicht*)

Le *ne... pas* est employé comme signe de négation ; chez Heidegger, à l'inverse, c'est la négation qui est le signe d'une négativité primordiale. Celle-ci ne se définit pas par rapport à une positivité *première.* En effet, c'est uniquement parce que l'étant n'est *pas* rien qu'il est l'étant qu'il est ; par exemple, avant même d'être une maison, une maison est (un étant en général) ; et elle n'est qu'en n'étant *pas* rien.

ontologie

Apparu au XVIIIe siècle, le mot signifie « savoir (*logos*) au sujet de l'étant (*on, onta*) », de même que « théologie » est le savoir portant sur Dieu (*théos*).

Heidegger l'emploie pour nommer la philosophie comme savoir portant sur l'*être de l'étant*. L'ontologie dit l'étant comme tel – ce qu'il est et comment il est, à partir de la vue sur son être. L'ontologie est appelée « fondamentale » dans *Être et Temps* parce qu'elle vise à mettre au jour le sens de l'être comme tel, son « fondement ».
La *différence ontologique* est celle qui sépare l'étant (nominal : tout ce qui est, l'*ontique*) de l'être (verbal : pas un étant, mais ce qui « fait être » l'étant). Cette différence est oubliée tant que l'on s'en tient à l'étant (discours scientifique) ou tant qu'on fait de l'être un « genre », malgré tout, d'étant – même si on le qualifie d'Être « suprême » (discours théologique).

réel/subsistant (*Vorhanden*)

Qualifie le mode d'être de tout ce qui n'est pas de l'ordre du *Dasein*, c'est-à-dire le « réel » de la *res* (chose) pour autant qu'il est posé « là-devant » (trad. Vezin) ou « sous-la-main » (trad. Martineau). Cette dernière traduction a l'avantage de faire ressortir le radical *Hand*, la « main », d'autant plus que *vorhanden* est opposé, dans *Être et Temps*, à *zuhanden*, qui désigne tout ce que l'on manie dans un sens large : tout ce qui est utilisable (même le soleil peut être un outil, quand on compte sur lui ou avec lui, par exemple pour avoir l'heure). À ce titre, le *vorhanden* est plus neutre : on se contente de le constater comme présent devant les yeux, observable.

révélation (*Erschliessung*)

À ne pas entendre religieusement, mais comme la levée du voile, la dé-closion, l'ouverture qui donne au *Dasein* le *sens* du monde comme de ce qui lui arrive. Ce terme (ou plutôt celui d'*Erschlossenheit* qui insiste plus sur l'état d'être ouvert) désigne l'expérience propre au seul *Dasein* d'avoir accès à l'étant *comme tel*, c'est-à-dire à l'être. La « vérité » est entendue comme dévoilement ou décèlement (*Unverborgenheit*), traduction heideggerienne du grec *a-lèthéia* (littéralement : l'« in-oubli »).

sentiment de la situation (*Befindlichkeit*)

Nomme un des trois « existentiaux » fondamentaux. Sa manifestation concrète est la « tonalité-affective » *(Stimmung)*.
Le terme lui-même indique deux directions :
• au sens propre, *sich befinden* : « se trouver situé ici ou là ». Par exemple, quand on demande où *se trouve* telle rue.
• au sens figuré, comme en français dans la question : « Comment allez-vous ? » qu'un Allemand exprimera ainsi : *Wie befinden Sie*

sich ? Se trouver, c'est se porter, bien ou mal, et par extension : « se sentir » disposé de telle ou telle manière.
Se rappeler toujours du sens *propre :* il n'est pas question d'abord de « sentiment », mais d'une situation « sensible », avant tout parce que l'homme est *situé* dans le monde.

sérénité (*Gelassenheit*)

Y entendre le *« lassen »*, à mi-chemin entre « laisser » et « faire » : «la douce rigueur et la rigoureuse douceur du laisser-être » (*Questions I,* Gallimard, p. 190).

tonalité (*Stimmung*)

Ennui, joie, mélancolie, gaieté, angoisse, étonnement, mauvaise humeur : autant de tonalités où l'on peut se trouver. Même l'atonie *(Ungestimmtheit)* est une forme de tonalité, et même la plus fréquente.
Le terme de *Stimmung* est apparu intraduisible. Heidegger a proposé lui-même de le rendre par « disposition », mais cela peut prêter à confusion. Pour commencer, le sens courant : l'« humeur » – mais aussi l'ambiance, l'atmosphère. Une tonalité d'ensemble, impliquant à la fois un accord subjectif *et* objectif. Un Allemand parlera aussi bien de l'« humeur » d'un paysage ou d'un tableau que de l'atmosphère d'un sentiment. Le monde entier – humains et non-humains, intériorité et extériorité – est accordé sur un même ton : qu'on songe à la gravure de Dürer, *La Mélancolie* – *tout* y est « affecté » de mélancolie. À ce sens vient se joindre une double surdétermination : d'une part, un sens presque logique de « concordance », qui vient du verbe intransitif *stimmen,* « concorder, tomber juste » (par exemple pour un calcul) ; d'autre part, un sens musical, d'accord, comme lorsqu'on parle d'un instrument bien accordé, jouant dans le ton. Ce dernier sens se rapporte au nom *die Stimme,* « la voix ».

transcendance

Le terme signifie : franchissement, dépassement *(trans-ascendere).* En philosophie classique, un dépassement des genres ; en scolastique, par exemple, *Unum, Bonum, Ens* sont des universaux « transcendants ». Le transcendant est situé au-delà de l'étant physique, donc méta-physique : soit Dieu (Être suprême), soit l'Idée (suprasensible).
Pour Heidegger, ce qui transcende est le *Dasein ;* ce qui est transcendé est l'étant ; ce vers quoi le *Dasein* transcende n'est pas un

autre étant – fût-il « métaphysique » – mais l'*être* (néant, monde). Le *Dasein* comme être-dans-le-monde transcende l'étant non pas vers un arrière-monde, mais vers le monde *comme tel.* Transcender et exister, pour le *Dasein,* nomment la manière même dont il est, c'est-à-dire eksiste.

Bibliographie commentée

Œuvres de Heidegger

Les œuvres complètes :

Peu avant sa mort, Heidegger avait initié auprès des éditions Klostermann une édition dite « intégrale » (**Gesamtausgabe**) – quoique non critique – qui devait rassembler l'ensemble de ses écrits – « des chemins, non des œuvres » (*Wege-nicht Werke*).

Cette édition est divisée en quatre sections. La première contient les écrits publiés du vivant de l'auteur, à l'exception des cours (16 volumes). La seconde reprend par ordre chronologique les cours donnés de 1923 à 1944, et constitue de loin le plus gros morceau (volumes 17 à 55). La troisième doit rassembler les inédits complets, et la quatrième les inédits incomplets.

Pour l'étudiant qui désire approfondir sa connaissance de ce qui entoure « Qu'est-ce que la Métaphysique ? », recommandons la lecture du cours tenu la même année, 1929-1930, publié sous le titre *Les concepts fondamentaux de la métaphysique (Monde-finitude-solitude)*, trad. D. Panis (Gallimard, 1992). On y trouvera, en première partie, une analyse détaillée et fascinante de l'ennui comme tonalité-fondamentale du *Dasein*.

Textes de base en français :

• *Être et Temps*, trad. F. Vezin, Gallimard, 1986.

Le livre qui a « lancé » Heidegger en 1927, *Sein und Zeit*, a attendu plus d'un demi-siècle avant d'être disponible en français dans son intégralité. Encore cette version n'est-elle pas parfaite : absence de glossaire et d'index, préciosité des « solutions » adoptées ainsi que la notoire ineptie des notes rendent la lecture pénible. Le but avoué de Vezin ayant été de donner une « traduction bilingue », on conseillera donc à quiconque veut lire ce « traité d'ontologie fondamentale » soit d'apprendre l'allemand, soit de lire la nouvelle traduction anglaise par Joan Stambaugh (State University of New York, 1996).

• *Introduction à la Métaphysique*, trad. Gilbert Kahn, Gallimard, 1967, « tel », Cours de 1935 publié en 1953.

• *Questions I & II*, Gallimard, 1968, « tel ».

Le premier volume de *Questions* contient « Qu'est-ce que la Métaphysique ? » (conférence de 1929, précédée de l'Introduction de 1949 et suivi de la Postface de 1943) ; « De l'être-essentiel d'un fondement ou "raison" » (1929) ; « De l'essence de la vérité » (1930, publié en 1954) ; « Contribution à la question de l'être » (1956) ; « Identité et Différence » (1957).

Le second contient « Qu'est-ce que la philosophie ? », conférence donnée à Cerisy-la-Salle en 1955, et des textes sur Platon, Aristote, Kant et Hegel.

• *Chemins qui ne mènent nulle part*, trad. W. Brokmeier, Gallimard, 1962, « tel ».

Publié en 1950, rassemble « L'origine de l'œuvre d'art » (1935); « L'époque des "conceptions du monde" » (1938) ; « Hegel et son concept d'expérience » ; « Le mot de Nietzsche "Dieu est mort" », et un essai sur Anaximandre.

• *Essais et Conférences*, trad. A. Préau, Gallimard, 1958.

Rassemble « La Question de la technique », « Science et Méditation », « Le Dépassement de la métaphysique », « Bâtir Habiter Penser », « La Chose », « L'homme habite en poète... », « Logos », « Moira ».

• *Qu'appelle-t-on penser ?*, trad. A. Becker et G. Granel, P.U.F., 1959.

Cours de 1951-52 divisé en deux: une réflexion sur le nihilisme à partir de Nietzsche, et sur ce que c'est que penser à partir de Parménide.

• *Le Principe de raison*, trad. A. Préau, Gallimard, 1962, « tel ».

Cours de 1955 qui explore la portée du principe formulé par Leibniz : « Rien n'est sans raison ».

• *Nietzsche*, 2 tomes, trad. P. Klossowski, Gallimard, 1971.

• *Questions III & IV*, Gallimard, 1969, 1976 ; « tel ».

Le volume III contient la *Lettre sur l'humanisme* (trad R. Munier) et des textes plus « poétiques », comme « Le chemin de campagne », « L'expérience de la pensée », « Sérénité ».

Le volume IV contient les derniers textes « théoriques », particulièrement « Temps et Être » (1962) ainsi que les protocoles des séminaires qui eurent lieu en Provence en compagnie du poète René Char.

• *Approche de Hölderlin*, Gallimard, 1973.

• *Acheminement vers la parole*, trad. J. Beaufret et F. Fédier, Gallimard, 1976 ; « tel ».

• *Problèmes fondamentaux de la phénoménologie*, trad. J.-F. Courtine, Gallimard, 1985.

• *Séjours (Aufenthalte)*, éd. bilingue. Trad. F. Vezin, Éditions du Rocher, 1992.

Récit du premier voyage en Grèce (1962), posthume.

Choix d'ouvrages sur Heidegger

BEAUFRET Jean, *Dialogue avec Heidegger*, 4 tomes, Minuit, 1972, 1973, 1985.
Jean Beaufret est le dédicataire de la *Lettre sur l'humanisme*.

DASTUR Françoise, *Heidegger et la question du temps*, P.U.F., 1990.
Petit livre précieux pour qui veut avoir une vue globale et précise de cette question du temps qui n'a cessé d'inspirer Heidegger depuis *Être et Temps*.

DERRIDA Jacques, *De l'esprit. Heidegger et la question*, Galilée, 1987.
Jacques Derrida, né en 1930 en Algérie, d'ascendance juive, a développé dès les années 60, une critique de la phénoménologie et de la « métaphysique de la présence » connue maintenant sous le nom de « déconstruction ». *De l'esprit* explore les rapports conflictuels de Heidegger avec « l'humanisme », avant et après le *Discours de Rectorat*.

LACOUE-LABARTHE Philippe, *La Fiction du politique*, Christian Bourgois, 1987.
L'un des rares essais pour comprendre *philosophiquement* l'engagement politique de Heidegger.

LÉVINAS Emmanuel, *En découvrant l'existence avec Husserl et Heidegger*, Vrin, 1967.
Levinas fut l'un des premiers découvreurs et interprètes de Heidegger. Il s'en inspira avec succès pour bâtir sa propre philosophie, qui privilégie l'éthique sur l'ontologie (dans son livre magistral *Totalité et Infini* publié en 1961, réédité en Livre de Poche en 1990).

NANCY Jean-Luc, *Être Singulier Pluriel*, Galilée, 1996. Développement singulièrement pénétrant des implications de l'analytique existentiale, principalement du *Mitsein* (« être-avec »), par l'un des philosophes les plus originaux de ce temps.

RORTY Richard, *Essais sur Heidegger et autres écrits*, trad. J.-P. Cometti. P.U.F., 1995.

SCHÜRMANN Reiner, *Le principe d'anarchie. Heidegger et la question de l'agir*, Le Seuil, 1982.
Schürmann a livré une interprétation brillante et originale de « l'histoire de l'Être », et surtout de ses implications post-modernes.

STEINER Georges, *Martin Heidegger*, Flarnmarion, 1987.
Petit condensé, à but plus culturel que philosophique, mais de bonne tenue.

VATTIMO Gianni, *Introduction à Heidegger*, Cerf, 1985.
Lecture très éclairante des principaux enjeux d'*Être et Temps*.

(Collectif) CAHIER DE L'HERNE *HEIDEGGER*, L'Herne, 1983; en poche « biblio-essais ».
Dirigé par Michel Haar, ce volume contient des textes, souvent inédits en français, de Heidegger (« Le Concept de Temps », 1924), et les contributions de contemporains et d'interprètes majeurs, comme Gadamer, Beaufret, Marion, Courtine, Derrida. On trouvera aussi une bibliographie précieuse.

Crédits photographiques :
Couverture : © Farabola/Leemage ; Bildarchiv Preussischer Kulturbesitz : 114 ;
Digne Meller Marcovicz : 6, 26, 36, 40 ; Éditions de L'Herne : 17.

N° d'éditeur : 10199680 - Dépôt légal : août 2013
Imprimé en France par SEPEC - Impression : 06601130714